KB053321

즉석에서 바로바로 활용하는

일상생활
스페인어
첫걸음

즉석에서 바로바로 활용하는

일상생활 스페인어 첫걸음

저 자 박은주
발행인 고본화
발 행 반석출판사
2020년 8월 5일 개정 3쇄 인쇄
2020년 8월 10일 개정 3쇄 발행
홈페이지 www.bansok.co.kr
이메일 bansok@bansok.co.kr
블로그 blog.naver.com/bansokbooks

07547 서울시 강서구 양천로 583. B동 1007호
        (서울시 강서구 염창동 240-21번지 우림블루나인 비즈니스센터 B동 1007호)
대표전화 02) 2093-3399 **팩 스** 02) 2093-3393
출 판 부 02) 2093-3395 **영업부** 02) 2093-3396
등록번호 제315-2008-000033호

ISBN 978-89-7172-860-4 (13770)

즉석에서 바로바로 활용하는

일상생활

스페인어 첫걸음

Bansok

Preface 머리말

　스페인어는 스페인과 중남미를 포함한 미국, 아프리카 등지에서 제1의 혹은 공용어로 사용되고 있으며 사용 인구로는 중국어에 이어 제2위의 언어입니다. 스페인어는 중남미 시장 개척으로 무역에 필요한 언어로 주목 받고 있으며, 스페인과 중남미 여행, 음식, 춤, 음악 등이 대중의 인기몰이를 하면서 스페인어를 배우려는 학습자들의 관심이 증가하고 있습니다.

　이러한 흐름에 발맞추어, 이 책은 어떤 장면이나 상황에서도 스페인어 회화를 정확하고 다양하게 구사할 수 있게 꾸며졌습니다. 총 6개의 파트로 구성되었고, 일상생활이나 여행 또는 비즈니스 등 다방면에 걸쳐 두루 활용할 수 있습니다. 초급자들도 쉽게 찾아 바로바로 말할 수 있도록 하기 위해 스페인어 발음을 한글로 표기했습니다.

　현지 스페인 사람들이 많이 사용하는 표현 위주로 꼭 필요한 한 마디 한 마디를 정성껏 간추려 실었고, 새로운 어휘나 유사 표현들을 메모 형식을 빌려 꼼꼼한 해설도 달아 두었습니다. 아울러 기존 스페인어 회화교재와는 달리 활자의 크기를 조절하여 모든 다양한 연령층이 쉽게 볼 수 있도록 구성했습니다.

　　★ 장면별 구성으로 어느 상황에서든 유용하게 쓸 수 있는 사전식 구성
　　★ 일상생활에서 흔히 접하는 2,000여 회화표현 엄선·수록
　　★ 스페인어 초보자도 가볍게 접근할 수 있도록 한글로 발음 표기
　　★ 이 책 한 권으로 스페인어 초급회화에서 중급회화까지 마스터
　　★ 각 유닛별 주요 필수 문장 저자 직강 동영상 강의 무료 제공

마지막으로 이 책을 접하신 모든 분들에게 유익한 교재가 되기를 진심으로 바랍니다.

박은주

Contenidos 차례

스페인어 발음과 기초문법

① 스페인어 알파벳

A [a 아]	Alemania 알레마니아
B [be 베]	Brasil 브라실
C [ce 세]	Ceuta 세우따 ▪ ca[까], co[꼬], cu[꾸], ce[세], ci[시]로 발음
D [de 데]	Dinamarca 디나마르까
E [e 에]	Egipto 에힙또
F [efe 에페]	Francia 프란시아 ▪ 영어의 [f] 발음과 동일
G [ge 헤]	Grecia 그레시아 ▪ ga[가], ge[헤], gi[히], go[고], gu[구]로 발음
H [hache 아체]	Honduras 온두라스 ▪ h는 묵음으로 발음하지 않는다.
I [I 이]	India 인디아
J [jota 호따]	Jamaica 하마이까 ▪ ja[하], je[헤], ji[히], jo[호], ju[후]로 발음
K [ka 까]	Kenia 께냐
L [ele 엘레]	Lima 리마
M [eme 에메]	Marruecos 마루에꼬스
N [ene 에네]	Noruega 노루에가
Ñ [eñe 에녜]	España 에스빠냐
O [o 오]	Omán 오만
P [pe 뻬]	Portugal 뽀르뚜갈
Q [cu 꾸]	Quito 끼또 ▪ que[께], qui[끼]로 발음
R [ere 에레]	Roma 로마 ▪ 단어의 첫글자 rr[doble erre]가 나오면 혀를 굴린다.
S [ese 에세]	Sudán 수단
T [te 떼]	Turquía 뚜르끼아
U [u 우]	Uruguay 우루과이
V [uve 우베]	Venezuela 베네수엘라 ▪ be[베]와 동일한 발음
W [uve doble 우베 도블레]	Taiwán 따이완
X [equis 에끼스]	Luxemburgo 룩셈부르고
Y [i griega 이 그리에가]	Yemen 예멘 ▪ ya[야], ye[예], y[이], yo[요], yu[유]로 발음
Z [zeta 세따]	Zambia 삼비아 ▪ ce[세], ci[시]와 동일한 발음

* ch(che)와 ll(elle)는 복합문자로 알파벳 표기에서 제외시켰다.

* y(i griega)와 ll(elle)는 동음으로 스페인에서는 주로 'o'에 가까운 발음을 하는 반면, 중남미 일부 국가에서는 'ㅈ'에 가까운 발음을 낸다.

❷ 강세

1. 모음 또는 n과 s로 끝나면 끝에서 두 번째 모음에 강세가 온다.
   - Pedro 뻬드로
   - Teresa 떼레사
   - Alberto 알베르또
   - Carmen 까르멘
   - Lucas 루까스

2. n과 s를 제외한 자음으로 끝나면 마지막 모음에 강세가 온다.
   - Monserrat 몬세랏
   - Gabriel 가브리엘
   - Muñoz 무뇨스
   - Miguel 미겔

3. 강세 불규칙은 강세 표시 즉 tilde를 찍어줘야 한다.
   - González 곤살레스
   - Martínez 마르띠네스
   - José 호세
   - Óscar 오스까
   - Caballé 까바예

❸ 인칭대명사와 Ser 동사

인칭	인칭대명사	Ser (~이다)
나	Yo 요	soy 쏘이
너	Tú 뚜	eres 에레스
그, 그녀, 당신	Él, ella, usted 엘, 에야, 우스뗄	es 에스
우리	Nosotros / nosotras 노소뜨로스 / 노소뜨라스	somos 쏘모스
너희	Vosotros / vosotras 보소뜨로스 / 보소뜨라스	sois 쏘이스
그들, 그녀들, 당신들	Ellos, ellas, ustedes 에요스, 에야스, 우스떼데스	son 쏜

- Yo soy Rosa. 요 쏘이 로사
  나는 로사입니다.
- Tú eres italiana. 뚜 에레스 이딸리아나
  너는 이탈리아 사람입니다.
- Ella es cantante. 에야 에스 깐딴떼
  그녀는 가수입니다.
- No soy coreana. 노 쏘이 꼬레아나
  나는 한국 사람이 아닙니다. → 스페인어는 주어를 생략할 수 있다.
- ¿Eres alemán? 에레스 알레만
  너는 독일 사람이니?

❹ 명사와 형용사의 성과 수

대부분의 남성명사와 형용사는 –o로 여성형은 –a로 끝난다. 자음으로 끝나는 명사와 형용사에는 –a를 붙여 주면 된다. 단, –e, –a, –ista로 끝나면 남성, 여성이 동일하다.

	남성	여성
-o/a	médico 메디꼬 의사 simpático 심빠띠꼬 상냥한	médica 메디까 여의사 simpática 심빠띠까 상냥한
자음+a	alemán 알레만 독일 남자 trabajador 뜨라바하도르 부지런한	alemana 알레마나 독일 여자 trabajadora 뜨라바하도라 부지런한
-e -a -ista	interesante 인떼레산떼 흥미로운 belga 벨가 벨기에 남자 pesimista 뻬시미스따 염세주의자	interesante 인떼레산떼 흥미로운 belga 벨가 벨기에 여자 pesimista 뻬시미스따 염세주의자

	단수	복수
모음	simpático 심빠띠꼬 상냥한 inteligente 인뗄리헨떼 똑똑한 trabajadora 뜨라바하도라 부지런한	simpáticos 심빠띠꼬스 상냥한 inteligentes 인뗄리헨떼스 똑똑한 trabajadoras 뜨라바하도라스 부지런한
자음	difícil 디피실 어려운 trabajador 뜨라바하도르 부지런한	difíciles 디피실레스 어려운 trabajadores 뜨라바하도레스 부지런한

❺ 정관사와 부정관사

1. 정관사(그)

구체적인 사물 또는 사람을 가리킬 때 쓰이며, 영어의 the에 해당한다. 형용사는 대부분 명사 뒤에 위치한다는 것을 기억하자.

	남성	여성
단수	el 엘 ▪ El chico guapo 엘 치꼬 구아뽀 그 잘 생긴 남자	la 라 ▪ La chica guapa 라 치까 구아빠 그 예쁜 여자
복수	los 로스 ▪ Los chicos guapos 로스 치꼬스 구아뽀스、 그 잘 생긴 남자들	las 라스 ▪ Las chicas guapas 로스 치까스 구아빠스 그 예쁜 여자들

2. 부정관사(어떤)

정해지지 않은 사물 또는 사람을 가리킬 때 쓰이며, 영어의 a, an에 해당한다.

	남성	여성
단수	un 운 ▪ Un chico español 운 치꼬 에스빠뇰 어떤 스페인 남자	una 우나 ▪ Una chica española 우나 치까 에스빠뇰라 어떤 스페인 여자
복수	unos 우노스 ▪ Unos chicos españoles 우노스 치꼬스 에스빠뇰레스 어떤 스페인 남자들	unas 우나스 ▪ Unas chicas españolas 우나스 치까스 에스빠뇰라스 어떤 스페인 여자들

❻ 규칙동사 변화형

스페인어의 동사는 –Ar형 동사, –Er형 동사, –Ir형 동사의 세 가지 유형이 있다. 다음은 3개의 규칙동사 변화형이다.

인칭대명사	cantar 노래하다	beber 마시다	vivir 살다
Yo 나	cant-o 깐또	beb-o 베보	viv-o 비보
Tú 너	cant-as 깐따스	beb-es 베베스	viv-es 비베스
Él, ella, usted 그, 그녀, 당신	cant-a 깐따	beb-e 베베	viv-e 비베
Nosotros 우리	cant-amos 깐따모스	beb-emos 베베모스	viv-imos 비비모스
Vosotros 너희	cant-áis 깐따이스	beb-éis 베베이스	viv-ís 비비스
Ellos, ellas 그들, 그녀들	cant-an 깐딴	beb-en 베벤	viv-en 비벤

❼ 불규칙동사 변화형

인칭대명사	tener 가지다	querer 원하다	ir 가다
Yo 나	tengo 뗑고	quiero 끼에로	voy 보이
Tú 너	tienes 띠에네스	quieres 끼에레스	vas 바스
Él, ella, usted 그, 그녀, 당신	tiene 띠에네	quiere 끼에레	va 바
Nosotros 우리	tenemos 떼네모스	queremos 께레모스	vamos 바모스
Vosotros 너희	tenéis 떼네이스	queréis 께레이스	vais 바이스
Ellos, ellas 그들, 그녀들	tienen 띠에넨	quieren 끼에렌	van 반

핵심문장
동영상강의

Parte 1

자연스러운 만남의 표현

스페인 사람들은 만날 때는 Hola하고 반갑게 인사합니다. 그리고 헤어질 때는 Adiós라고 말하면 됩니다. 인사문화가 발달한 스페인에서는 이웃사람들과 혹은 처음 본 사람이라도 눈이 마주치면 Hola하고 반갑게 인사합니다. 반갑게 인사하지 않으면 친절하지 않다는 나쁜 인상을 줄 수도 있기 때문에 가벼운 미소와 함께 반갑게 인사를 나누는 것이 중요합니다.

Capítulo 01 일상적인 만남의 인사

아침부터 점심식사 시간 2시 이전까지는 아침인사 Buenos días, 2시 이후부터 저녁식사 시간인 9시 이전까지는 Buenas tardes, 그리고 9시 이후부터 자기 전까지는 Buenas noches 라고 인사합니다. 하지만 이 인사법은 다소 딱딱하게 느껴질 수도 있습니다. 따라서 가까운 친구들과 인사를 나눌 때는 Hola, ¿qué tal? (안녕, 잘 지내지?)라는 표현을 가장 많이 사용합니다.

Unidad 1 일상적인 인사를 할 때

안녕!
¡Hola!
올라

> h는 묵음으로 [올라]하고 발음한다.

안녕하세요! (아침 인사)
¡Buenos días!
부에노스 디아스

안녕하세요! (낮 인사)
¡Buenas tardes!
부에나스 따르데스

> Buenas tardes는 영어의 Good afternoon과 Good evening에 해당하는 표현

안녕하세요! (밤 인사)
¡Buenas noches!
부에나스 노체스

잘 있었니?
¿Qué tal?
께 딸

⚙ 무슨 일이야?

¿Qué pasa?

께 빠사

유사표현 ¿Qué hay?
(친구끼리의 인사표현)

⚙ 휴가 잘 보냈어?

¿Cómo te lo pasaste en las vacaciones?

꼬모 떼 로 빠사스떼 엔 라스 바까시오네스

⚙ 지난 주말은 어떻게 보냈어?

¿Qué tal te lo pasaste el fin de semana pasado?

께 딸 떼 로 빠사스떼 엘 핀 데 세마나 빠사도

⚙ 뭐 새로운 소식 있어?

¿Tienes alguna noticia nueva?

띠에네스 알구나 노띠시아 누에바

유사표현 ¿Hay algo nuevo?
(뭐 새로운 거 있니?)

⚙ 날씨 참 좋지, 그렇지?

Hace muy buen tiempo, ¿verdad?

아세 무이 부엔 띠엠뽀 베르닫

Unidad 2 우연히 만났을 때

⚙ 기적이야! (뜻밖의 장소에서 우연히 만났을 때)

¡Qué milagro!

께 밀라그로

⚙ 세상 참 좁구나.

El mundo es un pañuelo.

엘 문도 에스 운 빠뉴엘로

스페인에서는 '세상이 좁다'를 '세상
이 손수건이야'라는 표현을 사용한다.
mundo 세상 pañuelo 손수건

⚙ 여기에서 너를 만나다니 놀랍군!

¡Qué sorpresa verte aquí!

께 소르쁘레사 베르떼 아끼

☸ 너를 여기에서 보리라곤 생각하지 못했어.
No esperaba verte aquí.
노 에스뻬라바 베르떼 아끼

☸ 너를 많이 보고 싶었어.
Tenía muchas ganas de verte.
떼니아 무차스 가나스 데 베르떼

☸ 무슨 일이야?
¿Qué le pasa?
께 레 빠사

친구 사이에서는 ¿Qué te pasa?
라고 말하면 된다.

☸ 우리 전에 만난 적이 있지 않아요?
¿No nos conocíamos de antes?
노 노스 꼬노시아모스 데 안떼스

Unidad 3 안녕을 물을 때

☸ 어떻게 지내니?
¿Cómo estás?
꼬모 에스따스

☸ 어떻게 지내세요?
¿Cómo está?
꼬모 에스따

☸ 뭐 별일 없니?
¿Hay algo nuevo?
아이 알고 누에보

☸ 오늘은 컨디션이 좀 어때?
¿Cómo te encuentras hoy?
꼬모 떼 엔꾸엔뜨라스 오이

처음 본 사이나 포멀한 상황에서
는 ¿Cómo se encuentra usted?
라고 말한다.

✿ 오늘은 어때?

¿Qué tal el día de hoy?

께 딸 엘 디아 데 오이

✿ 어떻게 지냈어?

¿Cómo te ha ido?

꼬모 데 아 이도

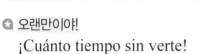

유사표현 ¿Cómo has estado?

✿ 모든 일이 잘 돼 가?

¿Cómo te va todo?

꼬모 떼 바 또도

✿ 새로 하는 일은 잘 돼 가?

¿Cómo te va en el nuevo trabajo?

꼬모 데 바 엔 엘 누에보 뜨라바호

¿Cómo va el nuevo trabajo?
라고 말할 수도 있다.

Unidad 4 오랜만에 만났을 때

✿ 오랜만이야!

¡Cuánto tiempo sin verte!

꾸안또 띠엠뽀 신 베르떼

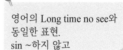

영어의 Long time no see와
동일한 표현.
sin ~하지 않고

✿ 여전하군, 하나도 안 변했어.

No has cambiado nada.

노 아스 깜비아도 나다

✿ 넌 똑같구나.

Te veo igual.

떼 베오 이구알

✿ 몇 년 만에 뵙는군요.

Hace años que no le he visto.

아세 아뇨스 께 노 레 에 비스또

☺ 김 선생님! 정말 오랜만이에요.

Señor Kim. Hace mucho tiempo que no le he visto.

세뇨르 낌 아세 무초 띠엠뽀 께 노 레 에 비스또

☺ 세월 참 빠르군요.

El tiempo vuela.

엘 띠엠뽀 부엘라

> tiempo 시간 volar 날다
> 유사표현 El tiempo pasa volando.

☺ 시간이 어찌나 빨리 흐르는지!

¡Cómo pasa el tiempo!

꼬모 빠사 엘 띠엠뽀

☺ 네가 많이 보고 싶었어.

Te echaba mucho de menos.

떼 에차바 무초 데 메노스

> echar de menos 그리워 하다,
> 보고 싶어 하다
> Tenía muchas ganas de verte.

☺ 이게 누구야?

¡Mira, quién está aquí?

미라 끼엔 에스따 아끼

☺ 안 본 지 적어도 2년은 된 것 같아.

Han pasado por lo menos 2 años sin verte.

안 빠사도 뽀르 로 메노스 도스 아뇨스 신 베르떼

☺ 그간 어떻게 지냈어?

¿Qué es de tu vida?

께 에스 데 뚜 비다

> 유사표현 ¿Cómo has estado?,
> ¿Qué has estado haciendo?
> vida 삶

☺ 어떻게 지냈는지 얘기 좀 해 봐.

Cuéntame de tu vida.

꾸엔따메 데 뚜 비다

☺ 요즘 뭐 하고 지내니?

¿Últimamente qué haces?

울띠마멘떼 께 아세스

Unidad 5 안부를 묻고 답할 때

✿ 가족들은 잘 지내지?
¿Cómo está tu familia?
꼬모 에스따 뚜 파밀리아

✿ 부모님들은 잘 지내시지?
¿Cómo están tus padres?
꼬모 에스딴 뚜스 빠드레스

✿ 난 아주 잘 지내.
Yo estoy muy bien.
요 에스또이 무이 비엔

> 구어체에서는 Estoy súper bien.
> Estoy de puta madre.라고 말한다.

✿ 항상 그렇지 뭐.
Como siempre.
꼬모 시엠쁘레

✿ 그냥 그래.
Ni fu ni fa.
니 푸 니 파

> regular 보통이야
> así así 그럭저럭

✿ 아이고, 별로 잘 지내지 못해.
Vaya, no muy bien.
바야 노 무이 비엔

✿ 오늘은 컨디션이 별로 좋지 않아.
Hoy no me encuentro muy bien.
오이 노 메 엔꾸엔뜨로 무이 비엔

✿ 별일 없어.
Nada especial.
나다 에스뻬시알

Capítulo 02 소개할 때의 인사

스페인에서 새로운 사람을 소개할 때는 주로 두 번의 볼키스 (dos besos)를 나누게 됩니다. 볼에 입술을 대지 않고 '쪽'하는 소리를 내는 아주 친근한 스페인식 인사법이죠. 다만, 남자들끼리는 볼키스를 하지 않고 악수 또는 포옹를 하게 됩니다. 물론 볼키스 인사는 업무 등의 공식적인 관계보다는 친한 사이에서 많이 하는 인사법이라고 할 수 있습니다.

Unidad 1 처음 만났을 때

❁ 만나서 반가워요.
Encantado(a) de conocerte.
엔깐따도(다) 꼬노세르떼

> 유사표현 Mucho gusto

❁ 당신을 보게 돼서 기뻐요.
Me alegro de verte.
메 알레그로 데 베르떼

> 포멀한 관계에서는
> Me alegro de verle.

❁ 당신을 알게 돼서 기뻐요.
Me alegro de conocerte.
메 알레그로 데 꼬노세르떼

> 포멀한 관계에서는
> Me alegro de conocerle.

❁ 당신을 만나게 돼서 영광입니다.
Es un gran honor conocerte.
에스 운 그란 오노르 꼬노세르떼

❁ 제가 오히려 반가워요.
El placer es mío.
엘 쁠라세르 에스 미오

✿ 얘기 많이 들었어요.

He oído mucho sobre ti.

에 오이도 무초 소브레 띠

Unidad 2 자신을 소개할 때

✿ 제 소개를 할게요.

Déjeme presentarme.

데헤메 쁘레센따르메

> Déjeme 제가 ~할게요,
> 영어의 let me~와 동일표현

✿ 제 소개를 해도 될까요?

¿Puedo presentarme yo mismo(a)?

뿌에도 쁘레센따르메 요 미스모(마)

✿ 저는 보라라고 해요.

Me llamo Bora.

메 야모 보라

> 유사표현으로는 Mi nombre es
> Bora.(내 이름은 보라입니다.)

✿ 이름이 뭐예요?

¿Cómo te llamas?

꼬모 떼 야마스

✿ 성은 뭐예요?

¿Cómo te apellidas?

꼬모 떼 아뻬이다스

> 유사표현 ¿Cuál es tu apellido?

✿ 제 성은 김 씨예요.

Mi apellido es Kim.

미 아뻬이도 에스 낌

✿ 명함 한 장 주실래요?

¿Puede darme su tarjeta de presentación?

뿌에데 다르메 수 따르헤따 데 쁘레센따시온

✿ 여기 명함이 있어요.

Aquí tiene mi tarjeta de presentación.

아끼 띠에네 미 따르헤따 데 쁘레센따시온

Unidad 3 소개시킬 때

✿ 두 분이 서로 인사를 나누셨나요?

¿Ustedes se han saludado ya?

우스떼데스 세 안 살루다도 야

✿ 가르시아 씨를 소개해 드릴게요.

Le presento al señor García.

레 쁘레센또 알 세뇨르 가르시아

> señor는 '~씨, ~선생님'을 의미
> 하는 남성에게 쓰는 경칭이다.

✿ 안녕하세요, 전 파블로예요.

Hola, soy Pablo.

올라 쏘이 빠블로

✿ 로페스 씨가 당신에 대해 많이 말씀하셨어요.

El señor López ha hablado mucho de usted.

엘 세뇨르 로페스 아 아블라도 무초 데 우스뗀

✿ 이 분은 제 동료인 토마스 씨입니다.

Este es mi compañero Tomás.

에스떼 에스 미 꼼빠녜로 또마스

✿ 만나서 반가워요.

Encantado/a.

엔깐따도/다

> 말하는 화자가
> 남성이면 encantado,
> 여성이면 encantada.

✿ 우리 사장님께 인사 드리세요.

Saluda a mi jefe.

살루다 아 미 헤페

> 상사가 여자 상사라면 jefa가 된다.

✿ 가기 전에 인사 나누세요.

Salúdense antes de irse.

살루덴세 안떼스 데 이르세

✿ 오래 전부터 당신을 뵙고 싶었어요.

Desde hace mucho tiempo quería conocerle.

데스데 아세 무초 띠엠뽀 께리아 꼬노세르레

Unidad 4 그 밖에 소개에 관한 표현

✿ 직업은 뭐예요?

¿En qué trabaja usted?

엔 께 뜨라바하 우스뗀

> trabajar 일하다
> 유사표현 ¿A qué se dedica usted?

✿ 전 Clic학원에서 선생님으로 일하고 있어요.

Trabajo en Clic como profesor.

뜨라바호 엔 끌릭 꼬모 쁘로페소르

✿ 국적은 뭐예요?

¿De dónde es usted?

데 돈데 에스 우스뗀

> 친구 사이에서는 ¿De dónde eres?
> 라고 말하면 된다.

✿ 전 스페인 사람입니다.

Soy español.

쏘이 에스빠뇰

> 스페인 여자인 경우는
> Soy española.

✿ 전공은 뭐예요?

¿Qué estudia usted?

께 에스뚜디아 우스뗀

✿ 영국 문학을 전공하고 있어요.

Estudio literatura inglesa.

에스뚜디오 리떼라뚜라 잉글레사

Capítulo 03 헤어질 때의 인사

스페인에서 헤어질 때 인사는 Adiós라고 인사하는 게 일반적입니다. 길거리를 지나가다가 우연히 지나칠 때는 Adiós(안녕)이라고 주로 인사하고, Hola(안녕)하고 인사할 경우에는 멈춰 서서 안부를 묻는 것이 좋아요. 그리고 헤어질 때는 Adiós, Chao, Hasta pronto, Hasta luego 등의 표현을 주로 사용합니다.

Unidad 1 밤에 헤어질 때

☼ 잘 자!
¡Buenas noches!
부에나스 노체스

> ¡Duerme bien!(잘 자!)
> dormir 자다

☼ 푹 쉬어!
¡Que descanses!
께 데스깐세스

☼ 좋은 꿈 꿔!
¡Que tengas buen sueño!
께 뗑까스 부엔 수에뇨

> 유사표현 ¡Que sueñes con los angelitos!
> sueño 꿈, soñar 꿈꾸다

Unidad 2 기본적인 작별 인사

☼ 안녕.
Adiós.
아디오스

> 유사표현 Chao.(차오)

❀ 나중에 봐.
Hasta luego.
아스따 루에고

❀ 담에 또 봐.
Hasta pronto.
아스따 쁘론또

pronto 곧, 영어의 See you soon과
동일한 표현.

❀ 내일 보자.
Hasta mañana.
아스따 마냐나

❀ 이따 봐. (금방 몇 분, 몇 시간 이내로 볼 경우)
Hasta ahora.
아스따 아오라

❀ 재미있는 시간 보내.
Que lo pases bien.
께 로 빠세스 비엔

pasarlo bien 좋은 시간을 보내다
영어의 Have a good time.

❀ 잘 가.
Que te vaya bien.
께 떼 바야 비엔

Que estés bin.(잘 있어.)도
함께 알아두자.

❀ 살펴 가.
Ten cuidado.
뗀 꾸이다도

❀ 몸조심 해.
Cuídate.
꾸이다떼

❀ 좋은 하루 보내.
Pasa buen día.
빠사 부엔 디아

영어의 Have a good day와
동일한 표현이다.

✿ 좋은 주말 보내.

Que tengas buen fin de semana.

께 뗑가스 부엔 핀 데 세마나

fin de semana 주말
유사표현 Que pases buen fin de semana.

✿ 연락하자.

Nos llamamos.

노스 야마모스

✿ 내가 연락할게.

Te llamo.

떼 야모

Te llamaré (전화할게.)라고도
말할 수 있다.

✿ 조만간 연락할게.

Un día de estos te llamo.

운 디아 데 에스또스 떼 야모

✿ 안녕, 연락해.

Adiós, llámame.

아디오스 야마메

✿ 안녕, 담에 보자.

Adiós, nos vemos.

아디오스 노스 베모스

✿ 즐겨.

Diviértete.

디비에르떼떼

divertirse 즐기다, 유사표현
Disfruta mucho.(많이 즐겨.)

✿ 좋아, 그럼 그날 봐.

Vale, entonces nos vemos ese día.

발레 엔똔세스 노스 베모스 에세 디아

✿ 조만간 보길 바래.

Espero que nos veamos pronto.

에스뻬로 께 노스 베아모스 쁘론또

Unidad 3 방문을 마칠 때

✿ 나 이제 갈게.
Ya me voy.
야 메 보이

ya 이제 irse 가다, 떠나다
Ya voy는 '어디로 향해서 간다'
라는 의미

✿ 이제 나 가봐야 해.
Tengo que irme ya.
뗑고 께 이르메 야

✿ 떠나려고 하니 아쉬워.
¡Qué pena! Tengo que irme.
께 뻬나 뗑고 께 이르메

✿ 그럼, 난 가는 게 좋겠어.
Pues, mejor que me vaya.
뿌에스 메호르 께 메 바야

✿ 미안한데, 나 지금 가야 해.
Lo siento, pero tengo que irme.
로 시엔또 뻬로 뗑꼬 께 이르메

✿ 미안한데, 이제 가야 할 시간이야.
Lo siento, pero ya es hora de irme.
로 시엔또 뻬로 야 에스 오라 데 이르메

Es hora de~는 '~할 시간이다'
라는 의미의 숙어표현

✿ 미안한데, 내가 좀 급해서.
Lo siento, pero tengo prisa.
로 시엔또 뻬로 뗑고 쁘리사

✿ 미안한데, 내가 약속이 있어.
Lo siento, pero tengo un compromiso.
로 시엔또 뻬로 뗑고 운 꼼쁘로미소

✿ 너무 늦은 것 같아.

Me parece que es demasiado tarde.

메 빠레세 께 에스 데마시아도 따르데

Me parece que~는 '내 생각에는 ~한 것 같아' 라는 의미

✿ 이제 작별할 시간이야.

Ya es hora de despedirnos.

야 에스 오라 데 데스뻬디르노스

✿ 아이고, 벌써 아홉 시야. 가야겠어.

Ay ya son las nueve. Tengo que irme.

아이 야 쏜 라스 누에베 뗑고 께 이르메

✿ 저녁 식사 정말 좋았어.

Me ha gustado mucho la cena.

메 아 구스따도 무초 라 세나

Me ha gustado~는 '~가 맘에 들었어' 라는 의미

✿ 오늘 저녁 정말 즐거웠어.

He disfrutado mucho la cena.

에 디스프루따도 무초 라 세나

✿ 저녁 식사 고마웠어.

Gracias por la cena.

그라시아스 뽀르 라 세나

✿ 그럼, 조만간 보자, 안녕.

Pues, nos vemos pronto, adiós.

뿌에스 노스 베모스 쁘론또 아디오스

Unidad 4 주인의 작별 인사

✿ 방문해 줘서 고마워.

Gracias por la visita.

그라시아스 뽀르 라 비시따

🌸 우리 집에 와 줘서 고마워.

Gracias por venir a mi casa.

그라시아스 뽀르 베니르 아 미 까사

🌸 벌써 가는 거야?

¿Ya te vas?

야 떼 바스

🌸 좀 더 있다 가.

Quédate un poco más.

께다떼 운 뽀꼬 마스

🌸 우리 집에서 저녁 먹고 가.

Quédate a cenar en mi casa.

께다떼 아 세나르 엔 미 까사

> quedarse a ~하기 위해 머물다,
> Quedate a~는 '~하고 가'라는
> 회화표현

🌸 우리 집에서 자고 가.

Quédate a dormir en mi casa.

께다떼 아 도르미르 엔 미 까사

🌸 오늘 밤 재미있었어?

¿Te lo has pasado bien esta noche?

떼 로 아스 빠사도 비엔 에스따 노체

🌸 오늘 즐거웠어?

¿Has disfrutado mucho el día de hoy?

아스 디스프루따도 무초 엘 디아 데 오이

🌸 우리 집에 언제든 와.

Ven a mi casa cuando quieras.

벤 아 미 까사 꾸안도 끼에라스

> Cuando quieras 언제든지 Donde
> quieras 어디든지 Quien quieras
> 누구든지 Como quieras 네가 원하는
> 대로 등의 표현도 기억해 두자.

🌸 내가 바래다 줄까?

¿Te llevo a tu casa?

떼 예보 아 뚜 까사

✿ 도착하면 연락해.

Llámame cuando llegues a casa.

야마메 꾸안도 예게스 아 까사

Unidad 5 안부를 전할 때

✿ 네 엄마에게 안부 전해 줘.

Dale un abrazo a tu madre.

달레 운 아브라소 아 뚜 마드레

> abrazo 포옹
> 유사표현 Dale un beso.

✿ 네 가족에게 안부 전해 줘.

Dale recuerdos a tu familia.

달레 레꾸에르도스 아 뚜 파밀리아

> recuerdos 안부
> Dale saludos라는 표현도 가능하다.

✿ 내 안부 전해 줘.

Dale recuerdos de mi parte.

달레 레꾸에르도스 데 미 빠르떼

Unidad 6 전송할 때

✿ 안녕, 멋진 여행 되길 바래.

Adiós, que tengas buen viaje.

아디오스 께 뗑가스 부엔 비아헤

✿ 안녕, 재미있게 잘 보내.

Adiós, que lo pases bien.

아디오스 께 로 빠세스 비엔

> pasarlo bien 좋은 시간을 보내다.
> 유사표현 ¡Pásatelo bien!

✿ 좋은 여행 되길!

¡Buen viaje!

부엔 비아헤

Parte 2

세련된 교제를 위한 표현

스페인에서 세련되고 좀 더 친밀감 있는 교제와 사교활동을 위해서는 감사와 고마움, 미안함 또는 칭찬 그리고 축하의 표현을 적절히 잘 표현할 수 있어야 합니다. 감정 표현을 적극적으로 하는 스페인 사람들에게 이러한 감정 표현이 서투르면 자칫 의사소통의 오해를 불러오기도 한답니다. 따라서 이 장에서 소개되는 감사, 사죄, 축하, 환영, 초대와 방문 시에 주로 쓰는 표현들을 익혀둔다면 스페인 사람들과 좀 더 친밀감 있는 관계를 형성하는 데 도움이 될 수 있습니다.

Capítulo 01 고마움을 나타낼 때

스페인 사람들은 평소에 Gracias(감사합니다)는 인사말을 아주 즐겨 사용합니다. 물건을 건네 받을 때, 계산서를 받을 때 등의 형식적인 상황에서도 Gracias로 마무리를 해 주면 좀 더 친절하다는 인상을 줍니다. 진심을 담아서 감사함을 표시해야 할 경우에서는 앞에 수식어를 붙여서 Muchas gracias(아주 감사해요), Muchísimas gracias(아주 많이 감사합니다) 등의 다양한 표현을 할 수 있습니다.

Unidad 1 기본적인 감사의 표현

✿ 감사합니다.
Gracias.
그라시아스

✿ 대단히 감사합니다.
Muchas gracias.
무차스 그라시아스

✿ 아주 많이 감사합니다.
Muchísimas gracias.
무치시마스 그라시아스

muchísimas (매우 많이)는 muchas의 최상급 표현.

✿ 여러모로 감사 드립니다.
Gracias por todo.
그라시아스 뽀르 또도

✿ 정말 감사 드립니다.
Te lo agradezco mucho.
떼 로 아그라데스꼬 무초

agradecer 감사하다, 영어의 I appreciate it.과 동일한 표현

✿ 얼마나 감사한지 모르겠어요.
No sabes cuánto te lo agradezco.
노 사베스 꾸안또 떼 로 아그라데스꼬

Unidad **2** 고마움을 나타낼 때

✿ 어떻게 감사 드려야 할지 모르겠어요.
No sé cómo agradecérselo.
노 세 꼬모 아그라데세르세로

✿ 와 주셔서 감사합니다.
Gracias por venir.
그라시아스 뽀르 베니르

> Gracias por~는 '~에 대해 감사합니다'라는 의미의 회화표현

✿ 저에겐 큰 도움이 되었어요.
Ha sido de gran ayuda para mí.
아 시도 데 그란 아유다 빠라 미

✿ 도와 주셔서 감사합니다.
Gracias por la ayuda.
그라시아스 뽀르 라 아유다

> 유사표현 Gracias por ayudarme.
> ayudar 돕다 ayuda 도움

✿ 저에게 큰 호의를 베푸셨어요.
Me ha hecho un gran favor.
메 아 에초 운 그란 파보르

✿ 당신의 은혜는 절대 잊지 않을 거예요.
No olvidaré nunca lo que has hecho por mí.
노 올비다레 눈까 로 께 아스 에초 뽀르 미

✿ 당신의 조언에 감사합니다.
Gracias por su consejo.
그라시아스 뽀르 수 꼰세호

✿ 저를 기다려 줘서 감사합니다.

Gracias por esperarme.

그라시아스 뽀르 에스뻬라르메

✿ 초대해 주셔서 감사합니다.

Gracias por la invitación.

그라시아스 뽀르 라 인비따시온

유사표현 Gracias por invitarme.

✿ 저녁식사에 대해 감사합니다.

Gracias por la cena.

그라시아스 뽀르 라 세나

Unidad 3 배려에 대한 고마움을 나타낼 때

✿ 그렇게 말씀해 주셔서 감사합니다.

Gracias por decirme eso.

그라시아스 뽀르 데시르메 에소

✿ 친절을 베풀어 주셔서 감사합니다.

Gracias por su amabilidad.

그라시아스 뽀르 수 아마빌리닫

✿ 고려해 주셔서 감사합니다.

Gracias por su consideración.

그라시아스 뽀르 수 꼰시데라시온

✿ 당신의 빠른 답변에 감사합니다.

Gracias por su pronta respuesta.

그라시아스 뽀르 수 쁘론따 레스뿌에스따

✿ 동행해 주셔서 감사합니다.

Gracias por su compañía.

유사표현 Gracias por acompañarme.

그라시아스 뽀르 수 꼼빠니아

✿ 시간을 내 주셔서 감사 드립니다.

Gracias por su tiempo.

그라시아스 뽀르 수 띠엠뽀

✿ 신경 써 주셔서 감사합니다.

Gracias por su atención.

그라시아스 뽀르 수 아뗀시온

> atención 관심, 주의
> 유사표현 Gracias por escucharme.
> (들어줘서 고마워.)

✿ 동반해 주셔서 즐거웠어요.

He disfrutado mucho de su compañía.

에 디스프루따도 무초 데 수 꼼빠니아

✿ 당신 덕분에 오늘 정말 재미있게 보냈습니다.

Me lo he pasado muy bien gracias a usted.

메 로 에 빠사도 무이 비엔 그라시아스 아 우스뗃

✿ 우리와 시간을 보내 주셔서 감사합니다.

Gracias por haber pasado el tiempo con nosotros.

그라시아스 뽀르 아베르 빠사도 엘 띠엠뽀 꼰 노소뜨로스

✿ 당신의 큰 호의에 감사합니다.

Gracias por su gran favor.

그라시아스 뽀르 수 그란 파보르

Unidad 4 감사의 선물을 줄 때

✿ 이건 너를 위한 선물이야.

Es un regalo para tí.

에스 운 레갈로 빠라 띠

> para ti 너를 위해
> Es un regalo para usted.
> (당신을 위한 선물입니다.)

✿ 너에게 주려고 선물을 사왔어.

He comprado un regalo para ti.

에 꼼쁘라도 운 레갈로 빠라 띠

Parte 02 | 세련된 교제를 위한 표현

35

✿ 너에게 줄 조그만 선물이 있어.

Tengo un regalo pequeño para ti.

떼고 운 레갈로 뻬께뇨 빠라 띠

✿ 이 선물은 내가 직접 만든 거야.

Este regalo yo mismo(a) lo he hecho.

에스떼 레갈로 요 미스모(마) 로 에 에초

✿ 대단한 것은 아니지만 마음에 들었으면 좋겠어.

No es gran cosa, pero espero que te guste.

노 에스 그란 꼬사 뻬로 에스뻬로 께 떼 구스떼

✿ 이 선물은 감사의 표시입니다.

Este regalo es para demostrarte mi agradecimiento.

에스떼 레갈로 에스 빠라 데모스뜨라르떼 미 아그라데시미엔또

Unidad 5 감사의 선물을 받을 때

✿ 이건 바로 내가 갖고 싶었던 거예요. 고마워요.

Esto es justo lo que quería tener. Gracias.

에스또 에스 후스또 로 께 께리아 떼네르 그라시아스

✿ 당신은 정말 세심하시군요!

¡Qué detalle tiene usted!

께 데따예 띠에네 우스뗃

> 친한 사이에서는 ¡Qué detalle tienes!라고 말하면 된다.
> detalle 세심함

✿ 무엇 때문이죠?

¿Por qué?

뽀르 께

> ¿Por qué me haces este regalo?
> (저에게 왜 이 선물을 하는거죠?)

✿ 선물을 주셔서 정말 감사합니다.

Muchas gracias por su regalo.

무차스 그라시아스 뽀르 수 레갈로

😊 당신에게 무엇으로 보답하죠?
¿Con qué le puedo compensar su gran favor?
꼰 께 레 뿌에도 꼼뻰사르 수 그란 파보르

😊 당신에게 빚을 졌어요.
Le debo mucho.
레 데보 무초

> deber 빚을 지다, 신세를 지다
> Te debo mucho.(너에게 신세를
> 많이 졌어.)

Unidad **6** 감사 표시에 응답할 때

😊 천만에요.
De nada.
데 나다

> 유사표현 Por nada.

😊 아무것도 아니에요.
No es nada.
노 에스 나다

😊 오히려 내가 고마워.
Gracias a ti.
그라시아스 아 띠

> 직역하면 '너에게 감사하지'
> 가 된다.

😊 오히려 제가 더 감사하죠.
Gracias a usted.
그라시아스 아 우스뗃

😊 감사는 제가 드려야 합니다.
Debería agradecerle yo.
데베리아 아그라데세르레 요

😊 제가 더 기뻐요.
Ha sido un placer.
아 시도 운 쁠라세르

Parte 02 | 세련된 교제를 위한 표현

37

✿ 대단한 것도 아니에요.
No es gran cosa.
노 에스 그란 꼬사

grande 큰 cosa 것, 일
grande가 명사 앞에 놓일 때는
de가 탈락된다.

✿ 맘에 들었다니 제가 기뻐요.
Me alegro de que le haya gustado.
메 알레그로 데 께 레 아야 구스따도

✿ 언제든지 부탁하셔도 됩니다.
Estoy a su disposición para cualquier cosa.
에스또이 아 수 디스뽀시시온 빠라 꾸알끼에르 꼬사

✿ 제가 도와줄 수 있어서 기뻐요.
Me alegro de poder ayudarle.
메 알레그로 데 뽀데르 아유다르레

유사표현 Me alegro de haberle ayudado.
alegrarse 기쁘다

✿ 저한테 감사할 것까지는 없어요.
No hay necesidad de darme las gracias.
노 아이 네세시닫 데 다르메 라스 그라시아스

✿ 이젠 괜찮습니다. 고마워요.
Ahora está todo bien. Gracias.
아오라 에스따 또도 비엔 그라시아스

Todo bien 모든 게 좋다
영어의 everything okay.

✿ 저녁을 맛있게 드셨다니 다행이에요.
Me alegro de que le haya gustado la cena.
메 알레그로 데 께 레 아야 구스따도 라 세나

✿ 당신에게 신세를 많이 졌어요.
Le debo mucho.
레 데보 무초

Capítulo 02 사죄 · 사과를 할 때

스페인에서 길거리를 지나가다가 상대에게 부딪쳤을 경우에는 Perdón(죄송합니다)하고 사과의 말을 건네야 합니다. 만약 사과를 하지 않은 채 지나가면 상대방이 아주 불쾌함을 느낄 수도 있습니다. 그리고 약속 시간에 늦는다든가 약속을 취소해야 하는 등의 유감인 일이 발생했을 경우에는 Lo siento(죄송합니다)라는 표현을 써서 미안함과 안타까움을 표현해야 합니다.

Unidad 1 사과 · 사죄를 나타낼 때

✿ 실례합니다.
Perdone.
뻬르도네

> perdonar 용서하다
> 유사표현 Disculpe.

✿ 미안합니다.
Perdón
뻬르돈

> perdón 용서
> 영어의 Sorry!처럼 사용할 수 있다.

✿ 죄송합니다.
Lo siento.
로 시엔또

> 미안하거나 유감인 일이 발생했을 때 쓰는 영어의 I'm sorry에 해당하는 표현.

✿ 정말 죄송합니다.
Lo siento mucho.
로 시엔또 무초

✿ 너에게 사과할게.
Te pido perdón.
떼 삐도 뻬르돈

> pedir perdón 용서를 구하다
> 정말 사과해야 할 일이 생겼을 때 사용해야 한다.

✿ 당신에게 사과 드립니다.
   Le pido disculpas.
   레 비도 디스꿀빠스

✿ 용서해줘.
   Perdóname.
   뻬르도나메

> 포멀한 관계에서는
> Perdóneme.(용서해 주세요.)

Unidad 2 행위에 대한 사과 · 사죄를 할 때

✿ 늦어서 미안합니다.
   Lo siento por llegar tarde.
   로 시엔또 뽀르 예가르 따르데

✿ 일어난 일에 대해 미안하게(유감스럽게) 생각하고 있습니다.
   Lo siento por lo que ha pasado.
   로 시엔또 뽀르 로 께 아 빠사도

> Lo siento por
> ~에 대해 죄송합니다,
> 유감입니다

✿ 얼마나 죄송한지 모르겠어요.
   No sabes cuánto lo siento.
   노 사베스 꾸안또 로 시엔또

✿ 어제 일에 대해 미안합니다.
   Siento mucho lo de ayer.
   시엔또 무초 로 데 아예르

> Lo de ayer 어제 일,
> Lo는 중성 대명사,
> Lo del sábado 토요일 일

✿ 귀찮게 해서 미안합니다.
   Lo siento por molestarle.
   로 시엔또 뽀르 몰레스따르레

✿ 오래 기다리게 해서 미안합니다.
   Lo siento por hacerle esperarme.
   로 시엔또 뽀르 아세르레 에스뻬라르메

✿ 답장을 늦게 해서 미안합니다.

Lo siento por haber tardado en responderle.

로 시엔또 뽀르 아베르 따르다도 엔 레스뽄데르레

✿ 지연에 대해 죄송합니다.

Lo siento por el retraso.

로 시엔또 뽀르 엘 레뜨라소

✿ 불편하게 해 드려서 죄송합니다.

Lo siento por las molestias.

로 시엔또 뽀르 라스 몰레스띠아스

✿ 유감입니다.

Lo sentimos.

로 센띠모스

누군가의 죽음과 같은 슬픈 소식을 들었을 때는, Siento mucho su pérdida.(죽음을 애도합니다.) 라고 쓴다.

Unidad **3** 실수를 범했을 때

✿ 미안해요, 어쩔 수가 없었어요.

Lo siento, no pude evitarlo.

로시엔또 노 뿌데 에비따르로

✿ 미안해요, 제가 깜빡 했어요.

Lo siento, se me olvidó.

로 시엔또 세 메 올비도

✿ 제 잘못이었습니다.

Fue mi culpa.

푸에 미 꿀빠

culpa 잘못, 탓
Es mi culpa.(제 잘못입니다.)

✿ 그럴 생각은 전혀 없었어요. (고의가 아니었어요)

No era mi intención en absoluto.

노 에라 미 인뗀시온 엔 압솔루또

✿ 미안합니다. 제가 날짜를 혼동했군요.
Lo siento, me equivoqué de fecha.
로 시엔또 메 에끼보께 데 페차

✿ 죄송합니다, 제가 사람을 잘못 봤어요.
Perdone, me he confundido de persona.
뻬르도네 메 에 꼰푼디도 데 뻬르소나

유사표현 Estoy equivocado/a.
(제가 틀렸어요.) equivocarse
틀리다 equivocado/a 틀린

✿ 제가 잘못 알았습니다.
Me he equivocado.
메 에 에끼보까도

✿ 제 잘못을 인정해요.
Reconozco mis errores.
레꼬노스꼬 미스 에로레스

유사표현 Soy yo el culpable.
(제 잘못입니다.)

✿ 제 잘못이었어요.
Ha sido mi culpa.
아 시도 미 꿀빠

✿ 전 잘못이 없어요.
Yo no tengo la culpa.
요 노 뗑고 라 꿀빠

✿ 당신 잘못이 아니예요.
No es su culpa.
노 에스 수 꿀빠

친한 친구한테는 No es tu culpa.
(네 잘못이 아니야.)

Unidad 4 용서를 구할 때

✿ 용서해 주세요.
Perdóneme, por favor.
뻬르도네메 뽀르 파보르

perdonar 용서하다
por favor는 영어의 please.

✿ 이번 한 번만 용서해 주세요.
Perdóneme solo por esta vez.
뻬르도네메 솔로 뽀르 에스따 베스

✿ 사과를 하고 싶습니다.
Quiero pedir disculpas.
끼에로 뻬디르 디스꿀빠스

✿ 실수에 대해 사과 드립니다.
Le pido disculpas por la equivocación.
레 삐도 디스꿀빠스 뽀르 라 에끼보까시온

✿ 늦어서 죄송합니다.
Perdóneme por llegar tarde.
뻬르도네메 뽀르 예가르 따르데

✿ 다시는 절대로 이런 일이 없을 겁니다.
Esto no volverá a pasar nunca.
에스또 노 볼베라 아 빠사르 눈까

✿ 한 번만 기회를 더 주세요.
Deme otra oportunidad, por favor.
데메 오뜨라 오뽀르뚜니닫 뽀르 파보르

dar 주다 oportunidad 기회,
친구 사이에서는 Dame otra
oportudiad, por favor.

✿ 제가 한 일에 대해 용서해 주세요.
Perdóneme por lo que he hecho.
뻬르도네메 뽀르 로 께 에 에초

✿ 약속을 지키지 못한 걸 용서해 주세요.
Perdóneme por no cumplir el compromiso.
뻬르도네메 뽀르 노 꿈쁠리르 엘 꼼쁘로미소

Unidad 5 사과 · 사죄에 대한 응답

✿ 괜찮습니다.
Está bien.
에스따 비엔

> 영어의 That's O.K에
> 해당하는 표현이다.

✿ 상관없습니다.
No pasa nada.
노 빠사 나다

> 유사표현으로는 No importa가
> 가능하다.

✿ 걱정하지 마세요.
No se preocupe.
노 세 쁘레오꾸뻬

✿ 걱정 마.
No te preocupes.
노 떼 쁘레오꾸뻬스

✿ 문제 없습니다.
No hay problema.
노 아이 쁘로블레마

> hay는 영어의 there is, there are.
> No hay ~가 없다

✿ 당신의 사과를 받아들이죠.
Acepto sus disculpas.
악셉또 수스 디스꿀빠스

✿ 잊어버려, 우린 친구잖아.
Olvídate, somos amigos.
올비다떼 쏘모스 아미고스

✿ 사과드릴 사람은 바로 저예요.
Soy yo quien tiene que pedir disculpas.
쏘이 요 끼엔 띠에네 께 뻬디르 디스꿀빠스

Capítulo **03** 축하와 환영을 할 때

스페인어로 '축하합니다'는 말은 Felicidades라고 합니다. 항상 복수로 사용되죠. 시험에 합격하였다거나 고대하던 취업을 하게 된 친구에게 사용할 수 있는 표현이겠죠. 그리고 스페인어로 메리 크리스마스는 Feliz Navidad이라고 말합니다. Feliz(행복한)라는 단어만 붙여 쓰면 여러 가지 축하하는 표현을 만들 수 있어요. Feliz Cumpleaños(생일 축하합니다), Feliz Año Nuevo(새해 복 많이 받으세요)처럼 말이죠.

Unidad **1** 축하할 때

😊 마침내 해냈군요. 축하합니다!
Por fin lo has conseguido. ¡Felicidades!
뽀르 핀 로 아스 꼰세기도 펠리시다데스

😊 승진을 축하합니다!
¡Felicidades por el ascenso en el trabajo!
펠리시다데스 뽀르 엘 아센소 엔 엘 뜨라바호

😊 생일을 축하합니다!
¡Feliz cumpleaños!
펠리스 꿈쁠레아뇨스

¡Felicidades!(축하합니다!)
유사표현 ¡Enhorabuena!

😊 서프라이즈! 생일 축하해!
¡Sorpresa! ¡Feliz cumpleaños!
쏘르쁘레사 펠리스 꿈쁠레아뇨스

😊 결혼을 축하합니다!
¡Felicidades por tu boda!
펠리시다데스 뽀르 뚜 보다

✿ 결혼 1주년을 축하합니다!

¡Felicidades por tu primer aniversario de boda!

펠리시다데스 뽀르 뚜 쁘리메르 아니베르사리오 데 보다

✿ 두 사람 다 행복하시길 바래요.

Deseo que vosotros dos seáis felices.

데세오 께 보소뜨로스 도스 쎄아이스 펠리세스

✿ 네가 임신했다고? 축하해!

¿Estás embarazada? ¡Felicidades!

에스따스 엠바라사다 펠리시다데스

✿ 출산을 축하합니다!

¡Felicidades por tu bebé recién nacido!

펠리시다데스 뽀르 뚜 베베 레시엔 나시도

> bebé 아기 recién nacido 갓 태어난
> ¡Felicidades por ser mamá!
> 엄마가 된 걸 축하해!

✿ 아주 기쁘시겠어요.

Debe estar muy contento(a).

데베 에스따르 무이 꼰뗀또(따)

✿ 승리를 축하합니다!

¡Felicidades por el triunfo!

펠리시다데스 뽀르 엘 뜨리운포

✿ 축하합니다! 선물이에요.

¡Felicidades! Aquí tengo un regalo para ti.

펠리시다데스 아끼 뗑고 운 레갈로 빠라 띠

✿ 우리의 승리를 자축합시다!

¡Celebramos nuestro triunfo!

셀레브라모스 누에스뜨로 뜨리운포

✿ 성공을 축하 드립니다!

¡Felicidades por su éxito!

펠리시다데스 뽀르 수 엑시또

😊 취업을 축하합니다!

¡Felicidades por tu nuevo trabajo!

펠리시다데스 뽀르 뚜 누에보 뜨라바호

😊 성공하셨네요.

Ha logrado muchos éxitos.

아 로그라도 무초스 엑시또스

😊 잘했어요!

¡Bien hecho!

비엔 에초

영어의 Good job과
동일한 표현이다.

Unidad 2 축복을 기원할 때

😊 새해 복 많이 받으세요!

¡Feliz año nuevo!

펠리스 아뇨 누에보

유사표현 Te deseo un feliz año.
feliz 행복한 año nuevo 새해

😊 새해에는 모든 행운이 깃들기를 바랍니다.

Deseo que tenga mucha suerte en el año nuevo.

데세오 께 뗑가 무차 수에르떼 엔 엘 아뇨 누에보

😊 더 나은 해가 되길 바랍니다.

Deseo que tenga un mejor año.

데세오 께 뗑가 운 메호르 아뇨

유사표현 Te deseo que este año
nuevo sea mejor.
mejor 더 좋은 desear 소망하다

😊 당신에게 신의 축복이 있기를!

¡Que Dios le bendiga!

께 디오스 레 벤디가

😊 모든 일이 잘되길 바래요.

Deseo que todo le vaya bien.

데세오 께 또도 레 바야 비엔

✿ 행운을 빕니다.
Le deseo mucha suerte.
레 데세오 무차 수에르떼

친구 사이에는 Te deseo mucha suerte.(행운을 빌어.)

✿ 항상 행복하세요. (신혼부부에게)
Que seáis felices para siempre.
께 세아이스 펠리세스 빠라 시엠쁘레

✿ 즐거운 명절 되세요!
¡Felices vacaciones!
펠리세스 바까시오네스

vacaciones (휴가)는 항상 복수형으로만 쓰인다.

✿ 즐거운 발렌타인데이예요!
¡Feliz San Valentín!
펠리스 산 발렌띤

¡Feliz Semana Santa!(즐거운 부활절 되세요!) ¡Feliz día de reyes!(즐거운 어린이날 되세요!)

✿ 행복하시길 바랍니다.
Le deseo mucha felicidad.
레 데세오 무차 펠리시닫

✿ 성공하길 바랍니다.
Le deseo mucho éxito.
레 데세오 무초 엑시또

✿ 메리 크리스마스!
¡Feliz Navidad!
펠리스 나비닫

Navidad 성탄절 주로 대문자로 쓰인다.

Unidad 3 환영할 때

✿ 환영합니다.
Bienvenido(a).
비엔베니도(다)

bienvenido 환영 받은 상대가 여자이면 Bienvenida.

😊 같이 일하게 되어 반갑습니다.
Me alegro de poder trabajar con usted.
메 알레그로 데 뽀데르 뜨라바하르 꼰 우스뗃

😊 저의 집에 오신 것을 환영합니다.
Bienvenido(a) a mi casa.
비엔베니도(다) 아 미 까사

여러 사람을 환영할 때는
Bienvenidos.라고 말한다.
Bienvenidos a clase de español.
(스페인어 수업에 오신 걸 환영합니다.)

😊 한국에 오신 것을 환영합니다.
Bienvenido(a) a Corea.
비엔베니도(다) 아 꼬레아

😊 이곳이 마음에 들기를 바랍니다.
Espero que disfrute su estancia.
에스뻬로 께 디스프루떼 수 에스딴시아

😊 당신과 함께 일하길 고대하고 있습니다.
Deseo poder trabajar con usted.
데세오 뽀데르 뜨라바하르 꼰 우스뗃

😊 당신과 함께 일하게 돼서 영광입니다.
Es un orgullo tenerle aquí con nosotros.
에스 운 오르구요 떼네르레 아끼 꼰 노소뜨로스

😊 그에게 큰 박수를 부탁 드립니다.
Por favor, demos un aplauso grande para él.
뽀르 파보르 데모스 운 아쁠라우소 그란데 빠라 엘

Capítulo 04 초대를 할 때

파티를 좋아하는 스페인 사람들은 친구들을 집으로 초대해서 홈파티를 여는 것을 즐겨 합니다. 스페인어로 파티를 fiesta라고 하죠. 이런 파티나 저녁 식사 등의 초대를 받았을 경우에는 빈손으로 가는 것보다는 감사의 표시로 와인이나 케이크 등의 디저트를 사가는 것이 예의입니다. 케이크를 파는 디저트 전문 가게를 pastelería라고 합니다.

Unidad 1 초대할 때

✿ 오늘 저녁에 시간 있어?
¿Tienes tiempo esta tarde?
띠에네스 띠엠뽀 에스따 따르데

✿ 이번 주말에 뭐 할거야?
¿Qué vas a hacer este fin de semana?
께 바스 아 아세르 에스떼 핀 데 세마나

✿ 이번 일요일에 무슨 계획 있어?
¿Tienes algún plan para este domingo?
띠에네스 알군 쁠란 빠라 에스떼 도밍고

✿ 우리 집에 점심 먹으러 오지 않을래?
¿Por qué no vienes a mi casa a comer?
뽀르 께 노 비에네스 아 미 까사 아 꼬메르

> ¿Por qué no~?(~하지 않을래?)는 상대에게 제안을 할 때 쓰는 회화표현

✿ 내 생일 파티에 오지 않을래?
¿Por qué no vienes a la fiesta de mi cumple?
뽀르 께 노 비에네스 아 라 피에스따 데 미 꿈쁠레

> cumple는 cumpleaños (생일)의 줄임말이다.

✿ 나와 함께 우리 집에서 저녁 먹을래?

¿Quieres cenar conmigo en mi casa?

끼에레스 세나르 꼰미고 엔 미 까사

Unidad **2** 초대에 응할 때

✿ 좋은 생각이에요.

Es muy buena idea.

에스 무이 부에나 이데아

✿ 기꺼이 그렇게 할게요.

Con mucho gusto.

꼰 무초 구스또

✿ 그거 아주 좋겠는데요.

Suena genial.

수에나 헤니알

> Suena ~는 '~같아 보여,
> ~처럼 들려' 라는 의미.
> 영어의 It sounds~와 동일한 표현

✿ 멋진데요.

Suena estupendo.

수에나 에스뚜뻰도

✿ 저는 좋아요.

Me viene muy bien.

메 비에네 무이 비엔

> Me viene~ (어떠)해요,
> 유사표현 Me viene de maravilla.
> (완전 좋아요.)

✿ 저를 초대해 주셔서 고마워요.

Gracias por invitarme.

그라시아스 뽀르 인비따르메

✿ 초대에 감사 드립니다.

Agradezco su invitación.

아그라데스꼬 수 인비따시온

✿ 죄송하지만, 그럴 수 없어요.

Lo siento, pero no puedo.

로 시엔또 뻬로 노 뿌에도

✿ 죄송하지만, 그럴 수 없을 것 같아요.

Lo siento, pero creo que no puedo.

로 시엔또 뻬로 끄레오 께 노 뿌에도

✿ 죄송하지만, 해야 할 일이 있어서요.

Lo siento, pero es que tengo algo pendiente que hacer.

로 시엔또 뻬로 에스 께 뗑고 알고 뻰디엔떼 께 아세르

✿ 못 가게 돼서 참 유감입니다.

Es una pena que no pueda ir.

에스 우나 뻬나 께 노 뿌에다 이르

✿ 그러고 싶지만 오늘 밤은 이미 다른 계획이 있어요.

Me gustaría pero esta noche tengo otro plan.

메 구스따리아 뻬로 에스따 노체 뗑고 오뜨로 쁠란

✿ 정말 그러고 싶지만 오늘은 안 돼요.

Me encantaría pero hoy no puedo.

메 엔깐따리아 뻬로 오이 노 뿌에도

✿ 오늘 저녁은 불가능합니다. 왜냐하면 다른 약속이 있어서요.

Esta noche es imposible. Es que tengo otra cita.

에스따 노체 에스 임뽀시블레 에스 께 뗑고 오뜨라 시따

✿ 내일은 안 되는데, 다른 날은 안 될까요?

Mañana no puedo. ¿No puede ser otro día?

마냐나 노 뿌에도 노 뿌에데 세르 오뜨로 디아

Capítulo 05 방문을 할 때

스페인에서 방문객을 집의 현관에서 맞이할 경우에는 두 번의 볼키스(dos besos)를 하고 반갑게 인사를 건네면 됩니다. 들어오라고 할 때는 Pase, pase(들어오세요) 혹은 Adelante(들어오세요)라고 말하기도 합니다. 처음 방문하는 손님일 경우에는 집안 내부 곳곳을 안내하며 소개시켜 주는 것을 좋아합니다.

Unidad 1 손님을 맞이할 때

✿ 초대해 줘서 고마워요.
Gracias por invitarme.
그라시아스 뽀르 인비따르메

✿ 들어 오세요.
Pase, pase.
빠세 빠세

pasar 지나가다, 들어가다
유사표현 Adelante

✿ 들어 와.
Pasa, pasa.
빠사 빠사

✿ 여기 앉으세요.
Siéntese aquí.
시엔떼세 아끼

친구 사이에는
Siéntate aquí.(여기 앉아.)

✿ 여기 앉지 않을래요?
¿Por qué no te sientas aquí?
뽀르 께 노 떼 시엔따스 아끼

✿ 우리 집에 방문해 줘서 고마워요.
  Gracias por visitar mi casa.
  그라시아스 뽀르 비시따르 미 까사

✿ 여기 조그만 선물 가져 왔어요.
  He traído un regalito.
  에 뜨라이도 운 레갈리또

> -ito, -ita는 축소사로 '조그만'
> regalito 조그만 선물 casita 조그만
> 집 un poquito 아주 조금만

✿ 와인 한 병을 가져 왔어요.
  He traído una botella de vino.
  에 뜨라이도 우나 보떼야 데 비노

✿ 편히 계세요.
  Está en su casa.
  에스따 엔 수 까사

> 유사표현 Mi casa es su casa.
> Siéntese como en su casa.

Unidad **2** 음료와 식사를 대접할 때

✿ 뭐 좀 마실래?
  ¿Quieres algo de beber?
  끼에레스 알고 데 베베르

✿ 뭐 좀 마시겠어요?
  ¿Quiere tomar algo?
  끼에레 또마르 알고

✿ 저녁 식사 준비가 다 되었어요.
  La cena está lista.
  라 세나 에스따 리스따

> La cena está hecha.
> cena 저녁식사
> listo/a = hecho/a 준비된

✿ 담배 피워도 될까요?
  ¿Puedo fumar?
  뿌에도 푸마르

✿ 많이 드세요!

¡Que aproveche!

께 아쁘로베체

유사표현 ¡Buen apetito!

✿ 훌륭한 저녁식사였어요.

La cena ha estado genial.

라 세나 아 에스따도 헤니알

Unidad **3** 방문을 마칠 때

✿ 이제 그만 가 봐야겠어요.

Creo que ya tengo que irme.

끄레오 께 야 뗑고 께 이르메

✿ 아이고, 너무 늦었네요. 이제 갈게요.

Ay, es demasiado tarde. Ya me voy.

아이 에스 데마시아도 따르데 야 메 보이

✿ 이만 돌아가봐야겠네요.

Creo que tengo que despedirme.

끄레오 께 뗑고 께 데스뻬디르메

✿ 아주 즐거웠어요.

Me he divertido mucho.

메 에 디베르띠도 무초

divertirse 즐기다
유사표현 Me lo he pasado muy
bien.(좋은 시간 보냈어요.)

✿ 언제든 오고 싶을 때 오세요.

Venga a mi casa cuando quiera.

벵가 아 미 까사 꾸안도 끼에라

✿ 다음에는 꼭 우리 집에 초대할게요.

La próxima vez me toca invitarle a mi casa.

라 쁘록시마 베스 메 또까 인비따르레 아 미 까사

Capítulo 06 약속을 할 때

스페인 사람들의 시간 개념은 우리나라 사람들의 그것과 약간은 다르다고 할 수 있는데요. 우리 나라 사람들은 정확한 시간을 잡아 미리미리 약속을 정하는 반면, 스페인 사람들은 미리 오래 전에 약속을 정하기 보다는 며칠 전 또는 당일에 만남을 제의하는 것을 더 좋아합니다. 공식적인 경우가 아니라면 15분에서 20분 정도 늦을 수도 있다는 것을 염두해 두면 좋겠죠?

Unidad 1 약속을 청할 때

✿ 오늘 시간 있니?
¿Tienes tiempo hoy?
띠에네스 띠엠뽀 오이

> 유사표현 ¿Estás libre hoy?
> (오늘 한가해요?)

✿ 내일 시간 있으세요?
¿Tiene tiempo mañana?
띠에네 띠엠뽀 마냐나

✿ 잠깐 얘기할 수 있어요?
¿Puedo hablar contigo un momento?
뿌에도 아블라르 꼰띠고 운 모멘또

✿ 내일 만날까요?
¿Quedamos mañana?
께다모스 마냐나

> 누군가와 만날 약속을 정할 때는 quedar동사를 써야 한다.

✿ 언제 한번 만나요.
Quedamos un día.
께다모스 운 디아

✿ 이번 토요일에 나와 함께 영화 보러 갈래?

¿Quieres ir al cine conmigo este sábado?

끼에레스 이르 알 시네 꼰미고 에스떼 싸바도

| Unidad | **2** | 스케줄을 확인할 때 |

✿ 이번 주 스케줄을 확인해 볼게요.

Voy a comprobar mi agenda de esta semana.

보이 아 꼼쁘로바르 미 아헨다 데 에스따 세마나

✿ 스케줄 확인해 보고 알려 줄게요.

Déjeme comprobar mi agenda y le aviso.

데헤메 꼼쁘로바르 미 아헨다 이 레 아비소

✿ 그날은 약속이 없어요.

No tengo ningún compromiso ese día.

노 뗑고 닌군 꼼쁘로미소 에세 디아

✿ 오늘 오후는 한가합니다.

Esta tarde estoy libre.

에스따 따르데 에스또이 리브레

> Esta tarde tengo tiempo.
> 라고 말해도 된다.
> libre 한가한 tiempo 시간

✿ 3시 이후 2시간 정도 시간이 있어요.

Tengo tiempo durante dos horas después de las 3.

뗑고 띠엠뽀 두란떼 도스 오라스 데스뿌에스 데 라스 뜨레스

✿ 다음 주에는 시간이 될 것 같아요.

Creo que voy a tener tiempo la próxima semana.

끄레오 께 보이 아 떼네르 띠엠뽀 라 쁘록시마 세마나

✿ 좋아요, 시간 괜찮아요.

Muy bien, yo estoy libre.

무이 비엔 요 에스또이 리브레

✿ **좋아요, 전 좋아요.**

Vale, me viene bien.

발레 메 비에네 비엔

> 유사표현 Me viene perfecto. Me viene estupendo.(아주 좋아요.)

✿ 이번 주말엔 특별한 계획이 없어요.

Esta semana no tengo ningún plan en particular.

에스따 세마나 노 뗑고 닌군 쁠란 엔 빠르띠꿀라르

✿ 미안해요, 제가 오늘 좀 바빠서요.

Lo siento, es que estoy un poco ocupado hoy.

로 시엔또 에스 께 에스또이 운 뽀꼬 오꾸빠도 오이

✿ 미안해요, 오늘은 다른 약속이 있어요.

Lo siento, es que hoy tengo otro compromiso.

로 시엔또 에스 께 오이 뗑고 오뜨로 꼼쁘로미소

✿ 전 평일에는 아무 때나 다 좋아요.

Estoy libre a cualquier hora entresemana.

에스또이 리브레 아 꾸알끼에르 오라 엔뜨레세마나

✿ 다음 주에 만나면 안될까요?

¿Por qué no quedamos la próxima semana?

뽀르 께 노 께다모스 라 쁘록시마 세마나

Unidad **4** 약속 시간과 장소를 정할 때

✿ 몇 시가 좋으세요?

¿A qué hora le viene bien?

아 께 오라 레 비에네 비엔

> 1시가 괜찮다면
> Me viene bien a la una.

✿ 언제 만나면 될까요?

¿Cuándo podemos quedar?

꾸안도 뽀데모스 께다르

✿ 몇 시에 시간이 되세요?

¿A qué hora está disponible?

아 께 오라 에스따 디스뽀니블레

> disponible 자유로운, 가능한
> 유사표현 ¿A qué hora le viene bien?

✿ 3시는 괜찮아요?

¿Le viene bien a las 3?

레 비에네 비엔 아 라스 뜨레스

✿ 어디에서 만날까요?

¿Dónde quedamos?

돈데 께다모스

> ¿Cuándo quedamos?
> 언제 만날까요?

✿ 마요르 광장에서 1시에 만나요.

Quedamos a la 1 en la Plaza Mayor.

께다모스 아 라 우나 엔 라 쁠라사 마요르

Unidad **5** 약속을 변경하거나 취소할 때

✿ 1시간 뒤에 만나도 될까요?

¿Podemos quedar una hora después?

뽀데모스 께다르 우나 오라 데스뿌에스

✿ 미안한데 약속을 취소해야겠어요.

Lo siento, pero tengo que cancelar la cita.

로 시엔또 뻬로 뗑고 께 깐셀라르 라 시따

✿ 약속을 다음 주로 변경해도 될까요?

¿Puedo cambiar la cita para la próxima semana?

뿌에도 깜비아르 라 시따 빠라 라 쁘록시마 세마나

✿ 미안한데 약속에 못 나갈 것 같아요.

Lo siento, creo que no podré ir a la cita.

로 시엔또 끄레오 께 노 뽀드레 이르 아 라 시따

■ 마드리드 왕궁

■ 마드리드 마요르 광장

■ 마드리드 푸에르타 데 알칼라

Capítulo **07** 식사를 제의할 때

스페인에서는 식사 초대 후에 감사의 인사를 건네기 보다는 식사 중에 ¡Qué rico!(맛있다!)라는 여러 가지 표현을 써 가며 음식에 대한 칭찬을 해 주는 것을 더 좋아합니다. 음식을 먹기 전에도 Tiene muy buena pinta.(정말 맛있어 보인다)라고 말하고, Es mi comida favorita(제가 제일 좋아하는 음식입니다)라고 말해 준다면 무척 기뻐할 것입니다. 더불어 그 음식이 입맛에 맞아서 레서피를 배우고 싶다면 Tengo que pedir la receta (레서피를 요구해야겠어)라고 표현해 주면 됩니다.

Unidad **1** 식사를 제의할 때

❁ 우리 점심 식사 같이 하지 않을래요?
¿Por qué no comemos juntos?
뽀르 께 노 꼬메모스 훈또스

❁ 오늘 밤 저와 저녁 식사 같이 할래요?
¿Quiere cenar conmigo esta noche?
끼에레 세나르 꼰미고 에스따 노체

❁ 같이 점심 먹을래?
¿Quieres que comamos juntos?
끼에레스 께 꼬마모스 훈또스

유사표현 ¿Comemos juntos?
juntos 함께

❁ 오늘 저녁에 외식하자.
Vamos a cenar fuera esta noche.
바모스 아 세나르 푸에라 에스따 노체

❁ 나가서 뭐 먹는 건 어때?
¿Por qué no salimos a comer algo?
뽀르 께 노 살리모스 아 꼬메르 알고

✿ 점심 먹으러 나갑시다.

Vamos a salir a comer.

바모스 아 살리르 아 꼬메르

Vamos a ~합시다,
영어의 Let's~와 동일한 표현

✿ 뭐 좀 간단히 먹어요.

Vamos a picar algo.

바모스 아 삐까르 알고

✿ 언제 만나서 밥이나 같이 먹어요.

Vamos a quedar para comer algún día.

바모스 아 께다르 빠라 꼬메르 알군 디아

✿ 뭐 좀 먹지 않을래?

¿Por qué no tomamos algo?

뽀르 께 노 또마모스 알고

✿ 타파스하러 가자.

Vamos de tapas.

바모스 데 따빠스

ir de tapas 타파스하러 가다
타파스는 스페인의 음식문화로
1인분의 작은 양의 음식, 스낵,
안주 등을 말한다.

Unidad 2 자신이 계산하려고 할 때

✿ 계산서 부탁합니다.

La cuenta, por favor.

라 꾸엔따 뽀르 파보르

cuenta 계산서
por favor는 영어의 please.

✿ 여기 계산해 주세요.

Cóbreme, por favor.

꼬브레메 뽀르 파보르

cobrar 돈을 받다, 수취하다
직역하면 '돈 받으세요'

✿ 제가 다 낼게요.

Yo pago todo.

요 빠고 또도

✪ 오늘은 제가 한턱 낼게요.
Hoy invito yo.
오이 인비또 요

✪ 내가 낼 차례야.
Me toca pagar a mí.
메 또까 빠가르 아 미

✪ 내가 점심 살게.
Yo te invito (a) la comida.
요 떼 인비또 (아) 라 꼬미다

✪ 각자 냅시다.
Pagamos a medias.
빠가모스 아 메디아스

✪ 잔돈은 가지세요.
Quédese con el cambio.
께데세 꼰 엘 깜비오

✪ 내가 커피 살게.
Yo te invito (a) un café.
요 떼 인비또 (아) 운 까페

✪ 넌 걱정 마. 내가 낼게.
Tú tranquilo(a). Yo lo pago.
뚜 뜨란낄로(라) 요 로 빠고

Parte 3

유창한 대화를 위한 표현

스페인에서는 보통 나이나 지위가 비슷하거나 친한 친구 사이에서는 따로 경칭을 쓰지 않고 이름을 불러 줍니다. 낯선 관계 또는 나이가 많다거나 위계 질서가 필요한 상황에서는 남자에게는 Sr.(세뇨르), 여자에게는 Sra.(세뇨라) 혹은 Srta.(세뇨리따) 등의 경칭을 사용합니다. 친한 관계에서는 tú(너)라는 인칭 대명사를 사용해야 하고 경칭을 사용할 경우에는 usted(당신)이라는 인칭 대명사를 사용해야 합니다.

01 질문을 할 때

질문을 할 때는 의문사 qué(무엇, 어떤), cuál(어떤 것),
quién(누구), cómo(어떻게), dónde(어디에), cuándo(언제),
cuánto(얼마나 많이), cuántos(얼마나 많은), por qué(왜)가 쓰
입니다. 스페인어의 모든 의문사에는 강세표기(tilde)가 붙습니
다. 이 의문사로 질문하는 의문문은 보통 ¿의문사 + 동사 +
(주어)?의 어순을 가지고, ¿Qué?(뭐야?), ¿Cuál?(어떤 거야?),
¿Quién?(누구야?)처럼 단독으로 쓸 수 있습니다.

Unidad 1 질문을 할 때

✿ 질문이 하나 있어요.
Tengo una pregunta.
뗑고 우나 쁘레군따

> 유사표현 Quiero preguntarte una
> cosa.(뭐 하나 질문 하고 싶은데요.)
> pregunta 질문 preguntar 질문하다

✿ 질문 하나 해도 될까요?
¿Le puedo hacer una pregunta?
레 뿌에도 아세르 우나 쁘레군따

✿ 사적인 질문을 하나 해도 될까요?
¿Le puedo hacer una pregunta personal?
레 뿌에도 아세르 우나 쁘레군따 뻬르소날

✿ 구체적인 질문 몇 가지를 드릴게요.
Déjeme hacer unas preguntas específicas.
데헤메 아세르 우나스 쁘레군따스 에스뻬시피까스

> Déjeme~ 제가 ~할게요
> hacer pregunta 질문하다
> específico/a 구체적인

✿ 누구한테 물어봐야 하죠?
¿A quién le tengo que preguntar?
아 끼엔 레 뗑고 께 쁘레군따르

✪ 이건 무엇을 의미해요?
¿Qué significa esto?
께 시그니피까 에스또

✪ 이것을 스페인어로 어떻게 말해요?
¿Cómo se dice esto en español?
꼬모 세 디세 에스또 엔 에스빠뇰

모르는 단어를 물을 때 자주 사용하는 회화표현, 영어의 How do you say?와 동일한 표현

✪ 이 단어를 어떻게 발음해요?
¿Cómo se pronuncia esta palabra?
꼬모 세 쁘로눈시아 에스따 빨라브라

✪ 그건 무엇으로 만든 거예요?
¿De qué está hecho(a)?
데 께 에스따 에초(차)

✪ 질문할 게 많이 있어요.
Tengo muchas preguntas.
뗑고 무차스 쁘레군따스

✪ 그건 무엇에 쓰는 거죠?
¿Para qué sirve esto?
빠라 께 시르베 에스또

servir para (무엇에) 소용이 있다, para qué는 '무엇을 위해, 뭐 때문에' 를 의미한다.
para는 목적을 나타내는 전치사

✪ 질문을 잘 들으세요.
Escuche la pregunta.
에스꾸체 라 쁘레군따

✪ 내 질문에 대답해 주세요.
Responda a mi pregunta.
레스뽄데 아 미 쁘레군따

✪ 답을 말해 보세요.
Deme la respuesta.
데메 라 레스뿌에스따

친한 사이에서는 Dame la respuesta.(대답해) dar 주다 respuesta 대답

✿ 질문 있나요?
¿Alguna pregunta?
알구나 쁘레군따

alguna 어떤
Any question?과 동일한 표현

Unidad 2 질문에 답변할 때

✿ 좋은 질문이군요.
Buena pregunta.
부에나 쁘레군따

✿ 더 이상 묻지 마세요.
No más preguntas.
노 마스 쁘레군따스

✿ 없습니다. (질문이)
Ninguna.
닌구나

Ninguna pregunta로
말할 수도 있다.

✿ 답변하고 싶지 않네요.
No quiero responder.
노 끼에로 레스뽄데르

✿ 뭐라고 대답해야 좋을지 모르겠어요.
No sé cómo responder.
노 세 꼬모 레스뽄데르

✿ 모르겠어요.
No lo sé.
노 로 세

✿ 전혀 모르겠어요.
No tengo ni idea.
노 뗑꼬 니 이데아

ni ~(조차도) 아니다

Capítulo 02 응답을 할 때

스페인 사람들은 자신의 의견을 명확하게 표현하는 것을 좋아합니다. Quien calla, otroga(침묵은 긍정이다)라는 속담에서 볼 수 있듯이 표현을 하지 않고 잠자코 듣고 있으면 찬성으로 받아들일 수도 있기 때문입니다. 말을 얼버무린다든지 정확한 의견을 표현하지 않으면 왠지 자신감 없고 소심하다는 부정적인 인상을 줄 수도 있습니다.

Unidad 1 긍정의 마음을 전할 때

✿ 네.
Sí.
씨

✿ 좋아요.
Bien. / De acuerdo.
비엔 / 데 아꾸에르도

✿ 정말 좋아요.
Estupendo. / Genial.
에스뚜뻰도 / 헤니알

유사표현 Perfecto.

✿ 알겠습니다.
Sí. / Vale.
씨 / 발레

✿ 맞습니다.
Exactamente. / Tienes razón.
엑싹따멘떼 / 띠에네스 라쏜

-mente를 붙이면 부사가 된다.
exactamente 정확히
perfectamente 완벽하게

✿ 알겠습니다. (이해했어요)
Ya. / Vale. / Entendido.
야 / 발레 / 엔뗀디도

✿ 네, 부탁해요.
Sí, por favor.
씨 뽀르 파보르

por favor 제발, 부탁합니다
(주문을 하거나 필요한 물건을
살 때, 상대에게 부탁을 할 때
유용하게 사용할 수 있는 표현)

✿ 네, 그렇게 할게요.
Sí, así lo hacemos.
씨 아시 로 아세모스

✿ 전적으로 그래요.
Absolutamente.
압솔루따멘떼

유사표현 Perfectamente,
Precisamente, Exactamente

✿ 물론이죠.
Claro. / Por supuesto. / Cómo no. / Desde luego.
끌라로 / 뽀르 수뿌에스또 / 꼬모 노 / 데스데 루에고

✿ 기꺼이 할게요.
Con mucho gusto.
꼰 무초 구스또

✿ 그렇게 생각해요.
Creo que sí.
끄레오 께 씨

✿ 저도 당신 의견에 찬성이에요.
Estoy de acuerdo contigo.
에스또이 데 아꾸에르도 꼰띠고

✿ 같은 의견이에요.
Tengo la misma opinión que tú.
뗑고 라 미스마 오삐니온 께 뚜

opinión 의견 mismo/a 동일한
유사표현 Opino lo mismo que tú.

😊 그렇군요.
Ya.
야

Sí (네)와 함께 많이 쓰이는
표현이니 꼭 기억하자.

Unidad 2 부정의 마음을 전할 때

😊 아니요.
No.
노

😊 한 번도 그런 적 없어요.
Ni una vez.
니 우나 베스

Ni는 '~조차도 아닌'를 의미
하는 부정어. Ni sí ni no.(긍정도
부정도 아니야.)

😊 아니요, 괜찮아요.
No, gracias.
노 그라시아스

상대의 제안 또는 권유에 정중하
게 거절할 때 쓸 수 있는 표현이
다. 영어의 No, thanks.에 해당

😊 아니, 지금은 됐어요. (안 됩니다)
No, ahora no.
노 아오라 노

😊 그건 몰랐어요.
No lo sabía.
노 로 사비아

😊 그건 금시초문이에요.
No me he enterado de eso.
노 메 에 엔떼라도 데 에소

😊 그렇지 않아요.
No, señor. / No, señora. / No, señorita.
노 세뇨르 / 노 세뇨라 / 노 세뇨리따

✿ 그렇게 생각하지 않아요.
Creo que no.
끄레오 께 노

✿ 괜찮아요.
Está bien. / No pasa nada.
에스따 비엔 / 노 빠사 나다

유사표현 No importa.
(상관없어요.)

✿ 아무것도 아니에요.
No es nada.
노 에스 나다

✿ 아직이요.
Todavía no. / Aún no.
또다비아 노 / 아운 노

✿ 물론 아니죠.
Claro que no.
끌라로 께 노

구어체 표현으로 강한 부정을 할
때는 ¡Qué va!(전혀 안 그래요!)

Unidad 3 불확실·의심의 마음을 전할 때

✿ 있을 수 있어요. (그럴 수 있어요)
Es posible. / Puede ser.
에스 뽀시블레 / 뿌에데 세르

✿ 그럴지도 모르겠네요.
Supongo que sí.
수뽕고 께 씨

유사표현 Imagino que sí.
suponer 가정하다
imaginar 상상하다

✿ 아마도.
Quizá. / Tal vez. / Probablemente. / A lo mejor.
끼사 / 딸 베스 / 쁘로바블레멘떼 / 아 로 메호르

✿ 그렇대요. (그렇다고 들었어요)

Me lo han dicho.

메 로 안 디초

✿ 그러길 바래요.

Lo espero.

로 에스뻬로

✿ 그건 경우에 따라 달라요.

Eso depende.

에소 데뻰데

> depender ~에게 달려 있다,
> Depende는 영어의 It depends로
> 확실한 답변을 하기 곤란할 때
> 사용하는 회화표현

✿ 어쩐지. (의심스러운데요)

Lo dudo.

로 두도

✿ 믿을 수 없어.

No me lo puedo creer.

노 메 로 뿌에도 끄레에르

✿ 정말요?

¿De verdad?

데 베르닫

> 유사표현으로는 ¿Verdad?,
> ¿De veras? 등이 있다.

✿ 진심이세요?

¿En serio?

엔 세리오

✿ 제 말 이해되나요?

¿Entiende lo que quiero decir?

엔띠엔데 로 께 끼에로 데시르

✿ 이상하게 들리네요.

Suena muy raro.

수에나 무이 라로

Capítulo **03** 맞장구를 칠 때

맞장구를 잘 쳐 주는 것도 상대방과의 대화를 자연스럽게 만들어 주는 데 큰 역할을 합니다. 특히 스페인에서는 리액션을 잘 해 주는 사람들을 더 친절하고, 호감 가는 사람으로 여긴답니다. 상대의 말에 공감할 때는 Tienes razón(맞아요, 일리가 있어요), 그렇죠(Es verdad), 그렇군요(Ya) 등의 표현을 한 번 써 보세요.

Unidad **1** 확실하게 맞장구를 칠 때

❀ 맞는 말씀입니다.
Tiene razón.
띠에네 라쏜

> razón 이유
> (영어의 You're right)

❀ 맞아요.
Es verdad.
에스 베르닫

> 유사표현 Es cierto.(맞습니다.)

❀ 바로 그거예요.
Eso es.
에소 에스

❀ 그렇습니다.
Así es.
아시 에스

❀ 그럼요.
Claro. / Por supuesto. / Obviamente.
끌라로 / 뽀르 수뿌에스또 / 오비아멘떼

> obviamente 분명히
> 유사표현 exactamente

✿ 확신해요. / 확실해요.
Seguro(a).
세구로(라)

seguro 확실한
화자가 여자일 경우엔 segura.

✿ 전적으로 동의해요.
Estoy totalmente de acuerdo.
에스또이 또딸멘떼 데 아꾸에르도

✿ 저도요.
Yo también.
요 땀비엔

영어의 Me too.

✿ 저도 그렇게 생각해요.
Yo también lo creo.
요 땀비엔 로 끄레오

✿ 맞아요, 바로 그거예요.
Exactamente.
엑싹따멘떼

exacto (정확한)에 부사를 만들
어주는 –mente를 붙여 쓴 형태.

✿ 네, 그렇고 말고요.
Sí, efectivamente.
씨 에펙띠바멘떼

✿ 그게 바로 제가 말하려던 겁니다.
Eso es lo que quiero decir.
에소 에스 로 께 끼에로 데시르

✿ 아주 좋은 생각이군요.
Es muy buena idea.
에스 무이 부에나 이데아

✿ 그러니까요!
¡Por eso!
뽀르 에소

✿ 그렇고 말고! (의심의 여지가 없어)
¡No cabe la duda!
노 까베 라 두다

caber 여지가 있다 duda 의심
유사표현 Estoy seguro/a.(확실해.)

✿ 네, 진짜 그래요.
Sí, la verdad.
씨 라 베르닫

Unidad 2 애매하게 맞장구를 칠 때

✿ 아마도요.
Probablemente. / A lo mejor.
쁘로바블레멘떼 / 아 로 메호르

✿ 그럴 수도 있겠네요.
Puede ser.
뿌에데 세르

✿ 그렇다고 봅니다.
Supongo que sí.
수뽕고 께 씨

✿ 그렇기를 바랍니다.
Lo espero.
로 에스뻬로

✿ 그렇다고 말할 수 있겠죠.
Podría decir que sí.
뽀드리아 데시르 께 씨

✿ 재미있겠군요.
Suena interesante.
수에나 인떼레산떼

interesante 흥미로운, 유사표현
Parece interesante.

Unidad ③ 긍정의 맞장구

❀ 그래요?
¿Sí?
씨

❀ 아, 진짜예요?
Ah, ¿es verdad?
아 에스 베르닫

> 유사표현 ¿Lo dices en serio?
> (진짜예요? 진심이세요?) /
> ¿No es mentira?(거짓말 아니야?)
> verdad 사실 mentira 거짓말

❀ 그렇습니까?
¿Es cierto?
에스 시에르또

❀ 그건 그렇습니다.
Eso sí es cierto.
에소 씨 에스 시에르또

Unidad ④ 부정의 맞장구

❀ 그럴 리가 없어요.
No debe ser. / No puede ser.
노 데베 세르 / 노 뿌에데 세르

❀ 그래요? 저도 안 그래요.
¿No? Yo tampoco.
노 요 땀뽀꼬

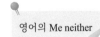

> 영어의 Me neither

❀ 그렇게 생각하지 않아요.
Así no lo pienso. / Así no lo creo.
아시 노 로 삐엔소 / 아시 노 로 끄레오

✿ 그건 그렇지만...

Eso sí pero...

에소 씨 뻬로

✿ 그렇지 않다고 봐요.

Supongo que no.

수뽕고 께 노

유사표현 Creo que no. / Pienso que no.
(그렇다고 생각하지 않아요.)

✿ 확실하지 않아요.

No estoy seguro(a).

노 에스또이 세구로(라)

✿ 그게 아니에요.

No es eso.

노 에스 에소

✿ 항상 그렇지는 않죠.

No es siempre así.

노 에스 시엠쁘레 아시

Unidad **5** 잠시 생각할 때

✿ 글쎄요. (잘 모르겠어요)

No lo sé. / ¿Quién sabe?

노 로 세 / 끼엔 사베

✿ 글쎄. (어디 보자)

Pues.

뿌에스

Pues는 '음, 글쎄, 자' 등을 의미
하며 말을 주저할 때 쓰는 표현,
영어의 well, then에 해당. Pues
sí.(음, 네.) Pues no.(음, 아니요.)

✿ 참, 뭐더라.

Pues, vamos a ver.

뿌에스 바모스 아 베르

잘 알아들을 수 없거나 다시 한 번 말해 달라고 하는 경우에는
Una vez más(한 번 더), Otra vez(다시)라는 표현은 사용하지
마세요. 이 표현은 선생님이 학생들에게 뭔가를 가르치면서 '다
시 한 번 더 해 봅시다'라는 경우의 '다시 한 번'입니다. 상대방
의 말을 못 알아들었을 경우에는 ¿Perdón? ¿Cómo? 등의 표현
을 쓰는 것이 좋습니다. 다른 나라의 말을 익힌다는 것은 진정
한 커뮤니케이션의 시작입니다.

Unidad **1** 되물을 때

🔹 뭐라고요?

¿Perdón?

뻬르돈

> 영어의 Pardon?과
> 동일한 표현

🔹 뭐라고?

¿Cómo? / ¿Qué?

꼬모 / 께

> 상대방이 앞서 한 말을 못 알아들
> 었을 경우에 '뭐?, 뭐라고?' 라고
> 되물을 때 자주 사용된다.

🔹 뭐라고 하셨어요?

¿Qué me dijo?

께 메 디호

> 금방 말을 끝냈을 때는
> ¿Qué me has dicho?

🔹 방금 뭐라고 말했어?

¿Qué me acabas de decir?

께 메 아까바스 데 데시르

🔹 맞아요?

¿Es cierto?

에스 시에르또

✿ 그렇지 않아요?
  ¿No es así?
  노 에스 아시

✿ 정말이죠? / 진짜요?
  ¿De veras? / ¿En serio? / ¿De verdad?
  데 베라스 / 엔 세리오 / 데 베르닫

✿ 그리고요?
  ¿Y?
  이

✿ 그렇게 생각해?
  ¿Tú lo crees?
  뚜 로 그레에스

✿ 농담하는 거야?
  ¿Estás bromeando?
  에스따스 브로메안도

bromear 농담하다
유사표현 ¿Me estás tomando el pelo?

✿ 네? 그래요? 진짜요?
  ¿Sí? ¿De verdad?
  씨 데 베르닫

Unidad **2** 잘 알아듣지 못했을 때

✿ 다시 말씀해 주시겠어요?
  ¿Puede decírmelo otra vez, por favor?
  뿌에데 데시르메로 오뜨라 베스 뽀르 파보르

✿ 다시 한 번 말씀해 주세요.
  Dígamelo otra vez, por favor.
  디가메로 오뜨라 베스 뽀르 파보르

친구끼리는 Dímelo otra vez,
por favor.

✿ 다시 반복해 주시겠어요?

¿Puede repetirlo, por favor?

뿌에데 레뻬띠르로 뽀르 파보르

repedir 반복하다, 친구 사이에는
¿Puedes repetirlo, por favor?

✿ 미안합니다. 잘 모르겠어요. (이해하지 못했어요.)

Lo siento, es que no lo entiendo.

로 시엔또 에스 께 노 로 엔띠엔도

✿ 이해가 안 되네요.

No puedo comprender. / No entiendo.

노 뿌에도 꼼쁘렌데르 / 노 엔띠엔도

✿ 말이 너무 빨라요.

Habla demasiado rápido.

아블라 데마시아도 라삐도

✿ 천천히 말씀해 주시겠어요?

¿Puede hablar más despacio, por favor?

뿌에데 아블라르 마스 데스빠시오 뽀르 파보르

✿ 좀 더 크게 말씀해 주시겠어요?

¿Puede hablar más alto, por favor?

뿌에데 아블라르 마스 알또 뽀르 파보르

✿ 이것은 무슨 의미입니까? / 무슨 뜻입니까?

¿Qué significa esto? / ¿Qué quiere decir?

께 시그니피까 에스또 / 께 끼에레 데시르

✿ 미안하지만, 잘 안 들려요.

Lo siento, pero no le oigo bien.

로 시엔또 뻬로 노 레 오이고 비엔

✿ 네 말이 전혀 안 들려.

No te oigo nada.

노 떼 오이고 나다

✿ 철자를 말씀해 주시겠어요?
¿Puede deletrearlo?
뿌에데 데레뜨레아르로

deletrear 스펠링을 말하다, ¿Puede
deletrear tu nombre?
(이름 스펠링을 말해 주시겠어요?)

✿ 철자가 어떻게 되죠?
¿Cómo se escribe?
꼬모 세 에스끄리베

Unidad 3 이해 여부를 재확인할 때

✿ 이해하시겠어요?
¿Lo entiende? / ¿Lo comprende?
로 엔띠엔데 / 로 꼼쁘렌데

✿ 제 말 뜻을 이해하시겠어요?
¿Entiende lo que yo quiero decir?
엔띠엔데 로 께 요 끼에로 데시르

유사표현 No sé si me explico.
(내 말 뜻을 이해했는지 모르겠네.)

✿ 이해했어요?
¿Ha entendido?
아 엔뗀디도

✿ 내 말을 이해하겠니?
¿Me comprendes?
메 꼼쁘렌데스

✿ 내 말을 알아 듣겠니?
¿Entiendes lo que te digo?
엔띠엔데스 로 께 떼 디고

Unidad **4**   이해를 했을 때

✿ 이해했어요.
   He entendido.
   에 엔뗀디도

✿ 네, 이해됩니다.
   Sí, comprendo.
   씨 꼼쁘렌도

✿ 네, 이해됩니다.
   Sí, entiendo.
   씨 엔띠엔도

✿ 아, 알겠어요.
   Ah, ya.
   아 야

> 상대방의 말을 이해했을 때는,
> 'Ya, ya' 하고 리액션을 해주면 좋다.

✿ 무슨 말인지 알겠어요.
   Sé qué es lo que quiere decir.
   세 께 에스 로 께 끼에레 데시르

✿ 뭐에 대해 말하는지 알겠어요.
   Sé a qué se refiere.
   세 아 께 세 레피에레

✿ 완벽하게 이해해요.
   Lo entiendo perfectamente.
   로 엔띠엔도 뻬르펙따멘떼

✿ 당신의 입장을 이해해요.
   Comprendo su situación.
   꼼쁘렌도 수 시뚜아시온

✪ 충분히 이해할 만하군요.
Eso es comprensible.
에소 에스 꼼쁘렌시블레

compresible 이해가는, 납득이 가는
유사표현 Es bastante entendible.

Unidad 5 이해를 못했을 때

✪ 잘 모르겠어요.
No entiendo.
노 엔띠엔도

✪ 이해할 수 없어요.
No puedo comprenderle.
노 뿌에도 꼼쁘렌데르레

친구 사이에서는
No puedo comprenderte.

✪ 전혀 이해가 안 되요.
No comprendo nada.
노 꼼쁘렌도 나다

✪ 무슨 말을 하는지 모르겠어요.
No sé lo que quiere decir.
노 세 로 께 끼에레 데시르

✪ 뭐에 대해 말씀하시는지 모르겠어요.
No sé a qué se refiere.
노 세 아 께 세 레피에레

✪ 하고자 하는 말이 뭐죠?
¿Qué es lo que intenta decir?
께 에스 로 께 인뗀따 데시르

✪ 그게 무슨 말이죠?
¿Qué quiere decir con eso?
께 끼에레 데시르 꼰 에소

Capítulo 05 제안과 권유를 할 때

제안과 권유를 할 때는 스페인어로는 〈Vamos a + 동사원형: ~
합시다, ~하자〉 혹은 ¿Por qué no ~?(~하지 않을래?) 등의 표
현을 많이 사용합니다. 제안에 거절을 할 때는 No, gracias(아
니에요, 괜찮아요)라는 표현을 써서 간곡한 거절의 표현을 써서
상대방을 배려하는 것도 좋은 커뮤니케이션 방법입니다.

Unidad 1 무언가를 제안할 때

😊 털어놓고 얘기합시다
Vamos a hablar francamente.
바모스 아 아블라르 프란까멘떼

😊 그만합시다.
Vamos a dejarlo aquí.
바모스 아 데하르로 아끼

😊 오늘은 이만 합시다.
Terminemos por hoy.
떼르미네모스 뽀르 오이

😊 쉽시다.
Vamos a tener una pausa.
바모스 아 떼네르 우나 빠우사

pausa 쉼, 휴식
유사표현 Vamos a descansar un rato.

😊 조금만 쉽시다.
Tomemos un rato de descanso.
또메모스 운 라또 데 데스깐소

tomar un descanso 휴식을 취하다
유사표현 Vamos a tomar un descanso.

🌸 화해합시다.
Vamos a reconciliarnos.
바모스 아 레꼰실리아르노스

🌸 좋으실 대로 하세요.
Haga lo que quiera.
아가 로 께 끼에라

친구 사이에서는
Haz lo que tú quieras.

🌸 한 번 해 봅시다.
Vamos a intentarlo.
바모스 아 인뗀따르로

🌸 한 번 해 봐.
Inténtalo.
인뗀따로

포멀한 상황에서는
Inténtelo. (한 번 해 보세요.)

🌸 내게 좋은 생각이 있어요.
Tengo una buena idea.
뗑고 우나 부에나 이데아

🌸 그것을 최대한 잘 활용해 봐요.
Vamos a aprovecharnos de eso.
바모스 아 아쁘로베차르노스 데 에소

🌸 화제를 바꿉시다.
Cambiemos de tema.
깜비에모스 데 떼마

cambiar de tema 화제를 바꾸다
유사표현 Vamos a cambiar de tema.

🌸 말다툼을 그만해요.
Dejemos de discutir.
데헤모스 데 디스꾸띠르

🌸 한잔 합시다.
Vamos a tomar algo.
바모스 아 또마르 알고

Unidad 2 권유할 때

☻ 영화관에 가지 않을래요?
¿Por qué no vamos al cine?
뽀르 께 노 바모스 알 시네

☻ 원하신다면 우리와 함께 가셔도 돼요.
Si quiere, puede venir con nosotros.
시 끼에레 뿌에데 베니르 꼰 노소뜨로스

☻ 나와 함께 쇼핑 갈래요?
¿Quiere ir de compras conmigo?
끼에레 이르 데 꼼쁘라스 꼰미고

> ir de compra 쇼핑 가다,
> ¿Quieres~? ~할래?는
> 제안할 때 쓰는 회화표현

☻ 커피 한잔 마실래요?
¿Te apetece un café?
떼 아뻬데세 운 까페

> ¿Te apetece~?(~하고 싶어?,
> ~가 당기니?) 구어체 표현

☻ 창문을 열까요?
¿Quiere que yo abra la ventana?
끼에레 께 요 아브라 라 벤따나

☻ 맥주 한잔 할래요?
¿Quiere tomar una cerveza?
끼에레 또마르 우나 세르베사

☻ 내일 저녁 식사 함께 하실래요?
¿Quiere cenar conmigo mañana?
끼에레 세나르 꼰미고 마냐나

☻ 요리 과정에 등록하는 건 어때요?
¿Por qué no te apuntas al curso de cocina?
뽀르 께 노 떼 아뿐따스 알 꾸르소 데 꼬시나

Parte 03 | 유창한 대화를 위한 표현

✿ 오늘 밤 쇼를 보러 가지 않을래요?

¿Por qué no vamos a ver el espectáculo esta noche?

뽀르 께 노 바모스 아 베르 엘 에스뻭따꿀로 에스따 노체

✿ 우리 산책할까요?

¿Vamos a dar un paseo?

바모스 아 다르 운 빠세오

dar un paseo 산책하다,
영어의 take a walk와 동일한 표현

Unidad 3 제안 · 권유에 응할 때

✿ 좋아요.

Muy bien. / Vale.

무이 비엔 / 발레

✿ 아주 좋아요.

Genial.

헤니알

유사표현 Estupendo, Perfecto

✿ 네, 그렇게 할게요.

Sí, así lo haré.

씨 아시 로 아레

✿ 원하신다면, 제가 함께 가 드릴 수 있어요.

Si quiere, yo le puedo acompañar.

시 끼에레 요 레 뿌에도 아꼼빠냐르

✿ 전 아주 좋아요. (스페인 구어체)

Me viene muy bien.

메 비에네 무이 비엔

친한 사이에서는
Me viene de lujo.
Me viene de coña. 등을 쓴다.

✿ 좋은 생각이에요.

Es buena idea.

에스 부에나 이데아

✿ 좋은 생각인 것 같아요.
Me parece buena idea.
메 빠레세 부에나 이데아

✿ 네, 그럼 그렇게 합시다.
Sí, entonces así lo hacemos.
씨 엔똔세스 아시 로 아세모스

✿ 생각이 맘에 들어요.
Me atrae la idea.
메 아뜨라에 라 이데아

Me atrae ~가 매력적이야,
~가 맘에 들어.
유사표현 Me gusta la idea.

Unidad 4 제안 · 권유에 거절할 때

✿ 파티할 기분이 아니예요.
No tengo ganas de fiesta.
노 뗑꼬 가나스 데 피에스따

tener ganas de ~하고 싶어 하다,
No tengo ganas de comer.
(식욕이 없어.)

✿ 아니요, 그렇게 하지 맙시다.
No, no lo hagamos así.
노 노 로 아가모스 아시

✿ 아니요, 괜찮아요.
No, gracias.
노 그라시아스

✿ 그렇게 할 생각이 없어요.
No lo pienso hacer.
노 로 삐엔소 아세르

✿ 다음 기회로 미룰까요?
¿Lo dejamos para otra ocasión?
로 데하모스 빠라 오뜨라 오까시온

dejar 남기다, 남겨 두다
otra ocasión 다음 기회
Dejamos para otro día.
다른 날 합시다.

Capítulo **06** 부탁을 할 때

무언가를 부탁할 때는 주저하지 말고 확실하게 부탁하는 게 좋습니다. 스페인어로 가장 쉽게 부탁할 수 있는 방법은 영어의 please인 por favor(부탁합니다)를 써서 말하면 간단하고 정중한 부탁의 표현이 됩니다. 또한 ¿Puede~?(~할 수 있어요?), ¿Podría~?(~하실 수 있으신가요?) 등을 첫머리에 붙여서 사용하면 더욱 정중한 표현이 됩니다. 스페인에서는 상대방을 고려하여 부탁하는 것을 망설이는 것보다는 적극적으로 원하는 표현을 하는 게 중요합니다.

Unidad 1 부탁을 할 때

✿ 부탁 하나 들어 줄래요?
¿Me haces un favor?
메 아세스 운 파보르

> hacer un favor 부탁을 들어주다
> 유사표현 ¿Me puedes hacer un favor?

✿ 부탁 하나 들어줄 수 있나요?
¿Me puede hacer un favor?
메 뿌에데 아세르 운 파보르

✿ 실례합니다, 부탁 하나 들어 주실 수 있나요?
Perdone, ¿me podría hacer un favor?
뻬르도네 메 뽀드리아 아세로 운 파보르

> ¿Podría~? ~해 주시겠어요?
> (영어의 Could you~?)

✿ 부탁 하나 드려도 될까요?
¿Puedo pedirle un favor?
뿌에도 뻬디르레 운 파보르

✿ 부탁 하나 드릴 게 있어요.
Tengo que pedirle un favor.
뗑고 께 뻬디르레 운 파보르

✿ 귀찮지 않았으면 해요.

Espero que no le moleste.

에스뻬로 께 노 레 몰레스떼

Espero que ~하면 좋겠어요,
영어의 I hope that~과 동일한 표현

✿ 잠시 폐를 끼쳐도 될까요?

¿Le puedo interrumpir un momento?

레 뿌에도 인떼룸삐르 운 모멘또

✿ 잠시 시간을 내 주실 수 있으세요?

¿Tiene un momento para hablar conmigo?

띠에네 운 모멘또 빠라 아블라르 꼰미고

✿ 저를 도와주실 수 있는지 모르겠어요.

No sé si usted me puede ayudar.

노 세 시 우스뗃 메 뿌에데 아유다르

No sé si ~인지 아닌지
모르겠어요, 영어의 I don't
know if~와 동일한 표현

✿ 잠시 방해해도 될까요?

¿Puedo molestarle un momento?

뿌에도 몰레스따르레 운 모멘또

Unidad 2 구체적으로 부탁할 때

✿ 내일 차를 좀 써도 될까요?

¿Puedo usar su coche mañana?

뿌에도 우사르 수 꼬체 마냐나

¿Puedo ~? 내가 ~해도 될까요?
¿Puede ~? (당신이) ~해 줄 수 있어요?
¿Puedes ~? (네가) ~해 줄 수 있어?

✿ 카메라를 좀 빌릴 수 있을까요?

¿Puede prestarme su cámara?

뿌에데 쁘레스따르메 수 까마라

✿ 에어컨 좀 꺼 주시겠어요?

¿Podría apagar el aire acondicionado?

뽀드리아 아빠가르 엘 아이레 아꼰디시오나도

✪ 좀 지나가도 될까요?

¿Me deja pasar, por favor?

메 데하 빠사르 뽀르 파보르

¿Me deja ~?
제가 ~하게 해줄래요?
pasar 지나가다

✪ 창문 좀 열어도 될까요?

¿Me permite abrir la ventana?

메 뻬르미떼 아브리르 라 벤따나

permitir 허락하다
¿Me permite ~?
제가 ~해도 될까요?

✪ 20유로만 빌릴 수 있을까요?

¿Puede prestarme 20 euros?

뿌에데 쁘레스따르메 베인떼 에우로스

✪ 가방 좀 들어 줄래요?

¿Puede coger mi bolsa?

뿌에데 꼬헤르 미 볼사

✪ 제 짐 좀 지켜 봐 주시겠어요?

¿Podría vigilar mi equipaje?

뽀드리아 비힐라르 미 에끼빠헤

¿Podría ~? (당신이) ~해 주실 수
있으세요?, 영어의 Could you?
처럼 아주 정중한 표현

✪ 핸드폰 좀 써도 될까요?

¿Puedo usar su móvil?

뿌에도 우사르 수 모빌

✪ 전화번호 좀 알려 주실래요?

¿Puede darme su número de teléfono?

뿌에데 다르메 수 누메로 데 뗄레포노

✪ 사전 좀 빌려줄래?

¿Puede prestarme tu diccionario?

뿌에데 쁘레스따르메 뚜 딕시오나리오

✪ 택시 정류장이 어디에 있는지 말해 주시겠어요?

¿Me podría decir dónde está la parada de taxis?

메 뽀드리아 데시르 돈데 에스따 라 빠라다 데 딱시스

✿ 저와 동행해 줄 수 있나요?
¿Puede acompañarme?
뿌에데 아꼼빠냐르메

✿ 약속을 확인해 주세요.
¿Puede confirmar la cita?
뿌에데 꼰피르마르 라 시따

✿ 나와 함께 있어 줄 수 있어?
¿Puedes quedarte conmigo?
뿌에데스 께다르떼 꼰미고

> 유사표현 Nos quedamos juntos.
> (우리 함께 있자.)

✿ 혼자 있게 해 주시겠어요?
¿Me deja a solas?
메 데하 아 솔라스

✿ 혼자 있게 해 줘.
Déjame a solas.
데하메 아 솔라스

> a solas 혼자
> 유사표현 Déjame solo/a.

✿ 파일 좀 건네 줄래요?
¿Me pasa la carpeta?
메 빠사 라 까르뻬따

✿ 좀 지나가도 될까요? (사람 사이를 지나갈 때)
¿Me permite?
메 뻬르미떼

> 유사표현 ¿Me permite pasar?
> permitir 허락하다

Unidad **3** 부탁을 들어줄 때

✿ 물론이죠.
Claro. / Cómo no.
끌라로 / 꼬모 노

✿ 기꺼이 그러죠.
Con mucho gusto.
꼰 무초 구스또

✿ 네, 어서요.
Sí, venga.
씨 벵가

✿ 그렇게 하세요.
Adelante.
아델란떼

부탁을 들어줄 때 다음과 같이 좀 더 적극적인 표현이 가능하다. Siempre que quieras. (원할 때는 언제나) Siempre que lo necesites. (필요할 때는 언제나)

✿ 별 문제 없어요.
No hay problema.
노 아이 쁘로블레마

✿ 별거 아닙니다.
No es nada especial.
노 에스 나다 에스뻬시알

✿ 그렇고 말고요!
¡Claro! / ¡Claro que sí! / ¡Por supuesto que sí!
끌라로 / 끌라로 께 씨 / 뽀르 수뿌에스또 께 씨

Unidad 4 부탁을 거절할 때

✿ 안 돼요.
Es que no puedo.
에스 께 노 뿌에도

✿ 유감이지만, 안 될 것 같아요.
Me temo que no puedo hacerlo.
메 떼모 께 노 뿌에도 아세르로

Me temo que 유감이지만 ~일 것 같아요, 영어의 I'm afraid that과 동일한 표현

94

✿ 미안하지만, 지금은 안 돼요.

Lo siento, pero es que no puedo ahora.

로 시엔또 뻬로 에스 께 노 뿌에도 아오라

✿ 미안하지만, 그렇게는 할 수 없어요.

Lo siento, pero es que eso no lo puedo hacer.

로 시엔또 뻬로 에스 께 에소 노 로 뿌에도 아세르

✿ 미안하지만, 지금 그게 필요해요.

Lo siento, pero ahora lo necesito.

로 시엔또 뻬로 아오라 로 네세시또

✿ 미안하지만, 제가 할 수가 없을 거 같아요.

Lo siento, no creo que pueda hacerlo.

로 시엔또 노 끄레오 께 뿌에다 아세르로

> 유사표현 Creo que no puedo hacerlo.
> (제 생각엔 못할 것 같아요.)

Unidad 5 우회적으로 거절할 때

✿ 글쎄요, 아직 그럴 준비가 되지 않았어요.

Pues, ahora no estoy listo(a) para eso.

뿌에스 아오라 노 에스또이 리스또(따) 빠라 에소

✿ 다음 기회에 꼭 할게요.

Lo haré sin falta en la próxima ocasión.

로 아레 신 팔따 엔 라 쁘록시마 오까시온

✿ 그건 무리한 요구예요. 죄송해요.

Eso es difícil de hacer. Lo siento.

에소 에스 디피실 데 아세르 로 시엔또

✿ 그러기엔 시간이 필요해요.

Para eso necesito tiempo.

빠라 에소 네세시또 띠엠뽀

Capítulo 07 대화를 시도할 때

대화를 자연스럽게 시작하기 위해서는 공통의 화제로 상대의 주의를 끌도록 합니다. Hace buen día, ¿verdad?(날씨가 좋죠, 그렇죠?)처럼 날씨부터 시작하는 것이 가장 무난합니다. 낯선 사람에게 말을 걸 때는 Perdóneme...(실례합니다만...)이라고 표현하는 것이 가장 일반적입니다. 또한 상대와 대화를 원할 때는 ¿Tiene tiempo para hablar un rato?(잠시 얘기할 시간이 있으세요?)라고 말하면 됩니다.

Unidad 1 말을 걸 때

✿ 이야기 좀 할 수 있을까요?
¿Puedo hablar con usted?
뿌에도 아블라르 꼰 우스뗃

✿ 제가 뭔가에 관해 얘기를 해야 해요.
Necesito hablar con usted de algo.
네세시또 아블라르 꼰 우스뗃 데 알고

> Necesito ~할 필요가 있어, ~해야 해. 영어의 I need to와 동일한 표현

✿ 드릴 말씀이 있어요.
Tengo algo que decirle.
뗑고 알고 께 데시르레

✿ 할 말이 있어.
Tengo algo que decirte.
뗑고 알고 께 데시르떼

✿ 잠깐 이야기를 나누고 싶은데요.
Me gustaría hablar un minuto contigo.
메 구스따리아 아블라르 운 미누또 꼰띠고

> Me gustaría는 '~하고 싶은데요' 라는 정중한 표현

✿ 잠깐 이야기 좀 할까요?

¿Tendría un minuto para hablar conmigo?

뗀드리아 운 미누또 빠라 아블라르 꼰미고

✿ 얘기를 잠깐 하고 싶어요.

Quiero hablar contigo un minuto.

끼에로 아블라르 꼰띠고 운 미누또

✿ 얼마 걸리지 않을 거예요.

Será un momento nada más.

세라 운 모멘또 나다 마스

유사표현 Será un momentín.

✿ 저한테 시간 좀 내 줄 수 있어요?

¿Podría tener tiempo para mí?

뽀드리아 떼네르 띠엠뽀 빠라 미

유사표현 ¿Dispone de tiempo para mí?

| Unidad | 2 | 대화 도중에 말을 걸 때 |

✿ 말씀 중에 잠깐 실례를 해도 될까요?

¿Puedo interrumpirle?

뿌에도 인떼룸삐르레

interrumpir 간섭하다, 방해하다.
친구 사이에서는 ¿Puedo
interrumpirte?(끼어들어도 될까?)

✿ 말씀 도중에 죄송한데요...

Perdóneme por interrumpirle, pero...

뻬르도네메 뽀르 인떼룸삐르레 뻬로

✿ 끼어들어 죄송해요.

Disculpe por interrumpirle.

디스꿀뻬 뽀르 인떼룸삐르레

✿ 말씀 도중에 끼어들어 죄송해요

Disculpe que le interrumpa.

디스꿀뻬 께 레 인떼룸빠

✿ 제가 말 좀 할게요.

Déjeme hablar, por favor.

데헤메 아블라르 뽀르 파보르

친한 사이에서는 Déjame hablar, por favor. (내가 말 좀 할게.)

✿ 내 말 좀 들어봐.

Escúchame, por favor.

에스꾸차메 뽀르 파보르

Unidad 3 용건을 물을 때

✿ 무슨 얘기를 하고 싶으세요?

¿De qué quiere hablar conmigo?

데 께 끼에레 아블라르 꼰미고

✿ 제가 도와드릴 게 있나요?

¿Hay algo en lo que pueda ayudarle?

아이 알고 엔 로 께 뿌에다 아유다르레

✿ 저한테 뭔가 이야기하고 싶으세요?

¿Quiere hablar de algo conmigo?

끼에레 아블라르 데 알고 꼰미고

✿ 무엇을 도와 드릴까요?

¿En qué puedo ayudarle?

엔 께 뿌에도 아유다르레

유사표현 ¿En qué puedo servirle?

✿ 뭐가 필요하세요?

¿Qué necesitaba?

께 네세시따바

✿ 제가 뭐 도와 드릴까요?

¿Puedo ayudarle en algo?

뿌에도 아유다르레 엔 알고

✿ 날씨가 좋죠, 그렇죠?

Hace un buen tiempo, ¿verdad?

아세 운 부엔 띠엠뽀 베르닫

✿ 시원하죠! 그렇죠?

¡Qué fresco! ¿No?

께 프레스꼬 노

✿ 너무 더워요! 그렇죠?

¡Qué calor hace! ¿No?

께 깔로르 아세 노

> calor 더워, 스페인 구어체에서는
> ¡Qué calorazo hace!

✿ 날씨가 너무 안 좋아요! 그렇죠?

¡Qué mal tiempo hace! ¿No?

께 말 띠엠뽀 아세 노

✿ 여기는 처음이세요?

¿Eres nuevo(a) aquí?

에레스 누에보(바) 아끼

✿ 이 자리에 누구 있나요?

¿Este asiento está ocupado?

에스떼 아시엔또 에스따 오꾸빠도

> ¿Este asiento está libre?
> (이 자리 비어 있어요?)
> ocupado 사용 중인 libre 비어 있는

✿ 경치가 정말 멋지죠! 그렇죠?

¡Qué buenas vistas! ¿verdad?

께 부에나스 비스따스 베르닫

✿ 스페인어 하세요?

¿Habla español?

아블라 에스빠뇰

Capítulo **08** 대화의 연결과 진행

잠깐 말이 막히거나 생각을 하면서 말할 때의 연결 표현은 상대의 기분을 거슬리지 않기 위해서도 매우 중요하고, 회화에서 가장 기본적인 기술의 하나라고 할 수 있습니다. Pues는 영어의 well에 해당하는 표현으로 자, 글쎄, 음... 등의 의미를 갖고 있으며, 대화에서 침묵을 피할 때 적절하게 쓸 수 있는 유용한 표현입니다. Pues는 말을 시작하면서 잠시 다음 말을 생각하는 여유를 갖게 되는 중요한 대화의 연결 표현입니다.

Unidad **1** 말을 재촉할 때

✿ 어서 말해 보세요.

Venga, dígamelo.

벵가 디가메로

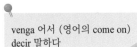

venga 어서 (영어의 come on)
decir 말하다

✿ 어서 말해.

Venga, dímelo.

벵가 디메로

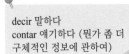

decir 말하다
contar 얘기하다 (뭔가 좀 더 구체적인 정보에 관하여)

✿ 이제 얘기해 보세요.

Cuéntemelo ya, por favor.

꾸엔떼메로 야 뽀르 파보르

✿ 이제 얘기해.

Cuéntamelo ya.

꾸엔따메로 야

✿ 할 말 있으면 말 하세요.

Dígame si tiene algo que decir.

디가메 시 띠에네 알고 께 데시르

✿ 이야기하고 싶은 건 다 해 보세요.
Dígame todo lo que quiera usted decir.
디가메 또도 로 께 끼에라 우스뗃 데시르

✿ 이제 모두 털어놔 봐요.
Ya suéltelo todo.
야 수엘뗄로 또도

✿ 단도직입적으로 말해 보세요.
Hable sin rodeos.
아블레 신 로데오스

> sin rodeos 빙빙 돌리지 말고,
> 단도직입적으로. 친구 사이에서는
> Habla sin rodeos.
> (빙빙 돌리지 말고 말해.)

Unidad 2 간단히 말할 때

✿ 좀 더 간단히 말하세요.
Hable con más sencillez.
아블레 꼰 마스 센시예스

✿ 좀 더 명확히 말해봐.
Dímelo más claro.
디메로 마스 끌라로

> 유사표현 Dímelo con claridad.
> claro 명확한 claridad 명확함

✿ 요점만 말해.
Ve al grano.
베 알 그라노

✿ 용건만 간단히 말씀하세요.
Hable brevemente.
아블레 브레베멘떼

Unidad **3** 화제를 바꿀 때

✪ 화제를 바꿉시다.

Cambiemos de tema.

깜비에모스 데 떼마

> 유사표현 Vamos a cambiar de tema.

✪ 뭔가 다른 이야기 합시다.

Vamos a hablar de otra cosa.

바모스 아 아블라르 데 오뜨라 꼬사

> 유사표현 Hablemos de otra cosa.

✪ 화제를 바꾸지 마세요.

No cambie de tema.

노 깜비에 데 떼마

✪ 그런데, 그건 그렇다 치고...

Por cierto...

뽀르 시에르또

✪ 그건 다른 이야기잖아요.

Eso es otro asunto.

에소 에스 오뜨로 아순또

Unidad **4** 말이 막힐 때

✪ 음, 자...

Pues...

뿌에스

✪ 어디 보자. / 좀 봅시다.

Vamos a ver.

바모스 아 베르

> 영어의 Let's see, Let me see와 동일한 표현

✿ 글쎄, 제 말은...
Pues, lo que quiero decir...
뿌에스 로 께 끼에로 데시르

✿ 실은...
En realidad...
엔 레알리닫

유사표현으로는
La realidad es que~ / La verdad
es que~ 등이 있다.

✿ 어떻게 말해야 하지?
¿Cómo te lo puedo decir?
꼬모 떼 로 뿌에도 데시르

✿ 어떻게 설명해야 할까요?
¿Cómo se lo puedo explicar?
꼬모 세 로 뿌에도 엑스쁠리까르

✿ 어떻게 설명해야 할지 모르겠네요.
No sé cómo explicarle.
노 세 꼬모 엑스쁠리까르레

Unidad 5 말을 꺼내거나 잠시 주저할 때

✿ 있잖아요?
¿Sabe qué?
사베 께

유사표현 Sabe...
영어의 You know.와 동일한 표현

✿ 생각 좀 해 보고요.
Déjeme pensar un poco.
데헤메 뻰사르 운 뽀꼬

✿ 다시 말해서
Es decir / O sea
에스 데시르 / 오 세아

✿ 내 말은...

Yo me refiero a...

요 메 레피에로 아

유사표현 Lo que quiero decir es que...
referirse a (문제는) ~에 관한 것이다

Unidad 6 적당한 말이 생각나지 않을 때

✿ 뭐랄까?

¿Cómo te diría?

꼬모 떼 디리아

✿ 어떻게 설명해야 할까?

¿Cómo te lo explico?

꼬모 떼 로 엑스쁠리꼬

✿ 뭐라고 말하려고 했지?

¿Qué te iba a decir?

께 떼 이바 아 데시르

✿ 글쎄, 잘 모르겠지만...

Pues, no sé...

뿌에스 노 세

Unidad 7 말하면서 생각할 때

✿ 생각 좀 해 보고요.

Déjeme pensar.

데헤메 뻰사르

친구 사이에서는 Déjame pensar.
영어의 Let me think.

✿ 확실하게는 모르겠는데, ~라고 생각합니다.

No sé exactamente, pero supongo que...

노 세 엑싹따멘떼 뻬로 수뽕고 께

✿ 제가 기억을 잘 하고 있다면...
Si recuerdo bien...
시 레꾸에르도 비엔

✿ 음, 잘 기억나지 않지만...
Pues, no me acuerdo bien pero...
뿌에스 노 메 아꾸에르도 비엔 뻬로

✿ 말하자면...
Es decir / O sea
에스 데시르 / 오 세아

✿ 분명하지 않지만...
No estoy seguro(a), pero...
노 에스또이 세구로(라) 뻬로

유사표현 No tengo claro.
(확신하지 못해요.)

✿ 굳이 대답해야 한다면...
Si tengo que responder...
시 뗑고 께 레스뽄데르

Capítulo 09 주의와 충고를 할 때

스페인에서 조언과 충고를 할 때는 명령문을 쓰거나 tiene/s que ~다음에 동사원형을 써서 '~해야 한다'는 의미의 표현을 많이 사용합니다. 단, tener que를 사용한 표현은 약간은 직설적이고 강제적인 느낌이 있어 친하지 않는 사람에게는 주의해서 사용하는 것이 좋습니다. 좀 더 완곡한 표현을 위해서는 debería나 tendría que 등의 가능법의 문장을 써 주면 됩니다.

Unidad 1 주의를 줄 때

❀ 이러시면 안 됩니다.

No debería hacer esto.

노 데베리아 아세르 에스또

> No debería ~하시면 안 됩니다. 정중하고 완곡한 충고를 할 때 쓸 수 있으며, 영어의 Yo should not~과 동일한 표현

❀ 절 귀찮게 하지 마세요.

No me moleste.

노 메 몰레스떼

❀ 날 귀찮게 하지 마.

No me molestes.

노 메 몰레스떼스

❀ 그를 나쁘게 대하지 마세요.

No le trate mal.

노 레 뜨라떼 말

❀ 조심하세요!

¡Tenga cuidado!

뗑가 꾸이다도

> 친구 사이에서는
> ¡Ten cuidado!(조심해!)

✿ 계단 조심해.
Ten cuidado con las escaleras.
뗀 꾸이다도 꼰 라스 에스깔레라스

✿ 아무한테도 말하지 마.
No se lo digas a nadie.
노 세 로 디가스 아 나디에

✿ 말 조심해!
¡Cuidado con lo que dices!
꾸이다도 꼰 로 께 디세스

✿ 조용히 하세요!
¡Mantenga el silencio!
만뗑가 엘 실렌시오

✿ 조용히 해!
¡Cállate!
까야떼

callarse 조용히 하다 영어의 shut up. 여러 청중에게는 ¡Cállense, por favor!(조용히 하세요!)

✿ 말대꾸 하지 마.
No me discutas.
노 메 디스꾸따스

✿ 너무 오버하지 마.
No exageres tanto.
노 엑사헤레스 딴또

✿ 날 오해하지 마.
No me malinterpretes.
노 메 말인떼르쁘레떼스

✿ 나한테 화내지 마.
No te enfades conmigo.
노 떼 엔파데스 꼰미고

✿ 까다롭게 굴지 마.
No seas exigente.
노 세아스 엑시헨떼

No seas ~하지 마, ~하게 굴지 마
No seas malo/a.(못되게 굴지 마.)
No seas tonto/a.(바보같이 굴지 마.)

✿ 까불지 마. (예의 바르게 행동해.)
No seas descortés.
노 세아스 데스꼬르데스

✿ 잘난 척하지 마.
No seas presumido(a).
노 세아스 쁘레수미도(다)

✿ 농담 그만 해.
Ya deja de bromear.
야 데하 데 브로메아르

Deja de ~하는 것을 멈춰, 그만 둬
Deja de hacer eso. 그만해.

✿ 날 놀리지 마.
No me tomes el pelo.
노 메 또메스 엘 뻴로

✿ 날 그만 내버려 둬.
Déjame.
데하메

유사표현 Déjame en paz.
Déjame tranquilo.

Unidad 2 충고할 때

✿ 날 실망시키지 마.
No me decepciones.
노 메 데셉시오네스

✿ 명심해.
Tenlo en cuenta.
뗀로 엔 꾸엔따

❄ 심각하게 받아들이지 마.

No lo tomes en serio.

노 로 또메스 엔 세리오

tomar en serio 심각하게 받아들이다
유사표현 No hagas caso.(신경 쓰지 마.)

❄ 무시해.

Ignóralo.

이그노라로

❄ 그 사람한테 잘해 줘.

Sé buena con él.

세 부에나 꼰 엔

Sé ~해 줘
Sé paciente.(인내심을 가져.)
Sé feliz.(행복해.)

❄ 허튼소리 하지 마.

No digas tonterías.

노 디가스 똔떼리아스

❄ 최선을 다해.

Haz todo lo que puedas.

아스 또도 로 께 뿌에다스

❄ 욕하지 마.

No insultes.

노 인술떼스

유사표현 No digas palabrotas.(욕하지 마.)
insultar 욕하다 palabrota 욕설

❄ 똑바로 행동해.

Compórtate bien.

꼼뽀르따떼 비엔

❄ 말을 행동으로 옮겨.

Cumple tus palabras.

꿈쁠레 뚜스 빨라브라스

❄ 긴장하지 마.

No te pongas nervioso(a).

노 떼 뽕가스 네르비오소(사)

✿ 성질 건드리지 마.

No me provoques.

노 메 쁘로보께스

✿ 속지 마.

No te dejes engañar.

노 떼 데헤스 엔가냐르

✿ 기대하지 마.

No te hagas ilusiones.

노 떼 아가스 일루시오네스

hacerse ilusiones 기대하다
¡Qué ilusión!(정말 기대된다!)

Unidad 3 조언을 할 때

✿ 기회를 활용해야 해요.

Debería aprovechar la oportunidad.

데베리아 아쁘로베차르 라 오뽀르뚜니닫

✿ 실수할까봐 두려워 하지 마세요.

No debería tener miedo de cometer errores.

노 데베리아 떼네르 미에도 데 꼬메떼르 에로레스

✿ 쉽게 사람을 믿으면 안 돼요.

No debería confiar en la gente fácilmente.

노 데베리아 꼰피아르 엔 라 헨떼 파실멘떼

✿ 시간을 낭비하시면 안 돼요.

No debería desperdiciar el tiempo.

노 데베리아 데스뻬르디시아르 엘 띠엠뽀

✿ 그렇게 걱정 안 하셔도 됩니다.

No debería preocuparse tanto.

노 데베리아 쁘레오꾸빠르세 딴또

Parte 4

거리낌 없는 감정 표현

감정 표현에 적극적인 스페인 사람들은 대화를 할 때 자연스런 눈짓, 몸짓, 미소 등으로 교감하는 것을 좋아하고 감정의 표현을 고스란히 얼굴 표정에 나타내는 것을 거리낌 없이 자연스런 현상으로 여기고 있습니다. 따라서 스페인 사람들과 대화나 인사를 할 때 혹은 모르는 사람을 지나칠 때도 눈이 마주치면 미소를 짓는 것이 좋습니다. 상대를 향해 미소를 보내는 것이 호감의 표시라기 보다는 상대와의 자연스럽고 친근함을 이끌어내기 위한 하나의 수단이자 습관이라고 볼 수 있습니다.

Capítulo **01** 희로애락을 나타낼 때

스페인에서는 아름다운 여인을 볼 때 혹은 아름다운 풍경을 볼 때 등의 상황에서는 ¡Qué bonita!, ¡Qué maravilla! ¡Fantástico! 등의 기쁨의 감탄사를 쓰는 것을 서슴지 않습니다. 우리나라에서는 기쁨이나 즐거움을 직접적으로 표현하기보다는 간접적으로 돌려서 말하지만, 스페인에서는 자신의 감정을 상대방에게 정확하게 전달하는 것을 좋아합니다.

Unidad **1** 기쁠 때

❁ 아주 기뻐요.
Estoy muy contento(a).
에스또이 무이 꼰뗀또(따)

> contento/a 기쁜, 행복한, 만족한. 기분 좋고 만족하는 상태를 표현할 때 자주 사용하는 형용사이다.

❁ 너무 기뻐!
¡Qué alegría!
께 알레그리아

❁ 얼마나 기쁜지!
¡Cuánto me alegro!
꾸안또 메 알레그로

❁ 기뻐서 펄쩍 뛸 것 같아요.
Voy a saltar de alegría.
보이 아 살따르 데 알레그리아

❁ 기뻐 죽겠어요.
Muero de felicidad.
무에로 데 펠리시닫

> 유사표현 Estoy muy muy contento/a.(정말 기뻐요.) Estoy muy feliz.(아주 행복합니다.)

❀ 지금처럼 기쁜 적은 없었어요.

No he estado nunca tan contento(a) como ahora.

노 에 에스따도 눈까 딴 꼰뗀또(따) 꼬모 아오라

❀ 지금보다 더 행복할 수는 없을 거야.

No podría estar más contento(a) que ahora.

노 뽀드리아 에스따르 마스 꼰뗀또(따) 께 아오라

❀ 너무 기뻐서 말이 안 나와요.

Estoy tan contento(a) que no sé qué decir.

에스또이 딴 꼰뗀또(따) 께 노 세 께 데시르

❀ 얼마나 기쁜지 표현할 수가 없어요.

No puedo expresar lo contento(a) que estoy.

노 뿌에도 엑스쁘레사르 로 꼰뗀또(따) 께 에스또이

❀ 널 봐서 기뻐.

Me alegro de verte.

메 알레그로 데 베르떼

Me alegro de verle.
(당신을 뵙게 돼서 기뻐요.)

Unidad 2 즐거울 때

❀ 아주 즐거워요.

Estoy muy alegre.

에스또이 무이 알레그레

❀ 아주 재미있어요, 즐거워요.

Me estoy divirtiendo mucho.

메 에스또이 디비르띠엔도 무초

❀ 지금처럼 즐거웠던 적은 없어요.

Nunca he estado tan alegre como ahora.

눈까 에 에스따도 딴 알레그레 꼬모 아오라

☙ 재미있었어요, 즐거웠어요.

Me lo he pasado muy bien.

메 로 에 빠사도 무이 비엔

☙ 난 정말로 만족스러워.

Estoy contentísimo(a).

에스또이 꼰뗀띠시모(마)

contentísmo/a는 contento의 최상급 형태.

☙ 너무 좋아서 죽을 것 같아요.

Estoy tan feliz que puedo morir.

에스또이 딴 펠리스 께 뿌에도 모리르

☙ 너무 즐거워서 웃음을 멈출 수가 없어요.

Estoy tan alegre que no puedo parar de reír.

에스또이 딴 알레그레 께 노 뿌에도 빠라르 데 레이르

Unidad 3 기쁜 소식을 들었을 때

☙ 그 소식을 들으니 정말 기뻐요.

Me alegro mucho de oír la noticia.

메 알레그로 무초 데 오이르 라 노띠시아

☙ 그거 반가운 소식이군요.

Es muy buena noticia.

에스 무이 부에나 노띠시아

☙ 참 멋진 소식이다!

¡Qué noticia tan maravillosa!

께 노띠시아 딴 마라비요사

유사표현 ¡Que maravillosa noticia!

☙ 멋진 것 같다!

¡Suena genial!

수에나 헤니알

✿ 만세!
¡Olé!
올레

유사표현 ¡Toma!

✿ 좋겠다! 잘됐다!
¡Qué bien!
께 비엔

✿ 대박!
¡Qué guay!
께 구아이

✿ 짱, 대박이야! (비속어 표현)
¡De puta madre!
데 뿌따 마드레

¡Hostia que guay! ¡Yeeeee!
라고도 말한다.

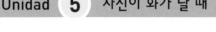

✿ 나 화났어.
Estoy enfadado(a).
에스또이 엔파다도(다)

✿ 나 진짜 화났어.
Estoy muy cabreado(a).
에스또이 무이 까브레아도(다)

유사표현 Estoy hiper cabreado,
Estoy súper cabreado.

✿ 분노가 치밀어 올라.
Me da rabia.
메 다 라비아

Parte 04 | 거침없는 감정 표현

115

✿ 내게 말하지 마.
No me hables.
노 메 아블레스

✿ 닥쳐!
¡Cállate!
까야떼

✿ 너 때문에 기분 나빠.
Por tu culpa estoy de mal humor.
뽀르 뚜 꿀빠 에스또이 데 말 우모르

구어체에서는 Estoy de mala
leche. 또는 Estoy de mala hostia.
라고 말한다.

✿ 됐어! 그만 해!
¡Ya basta!
야 바스따

✿ 이제 그만 둬!
¡Déjalo ya!
데하로 야

✿ 날 가만히 내버려 둬!
¡Déjame en paz!
데하메 엔 빠스

dejar en paz 평화롭게 내버려 두다
유사표현 Déjame tranquilo.

✿ 참는 것도 한계가 있어. (널 더 이상 견딜 수 없어)
No te aguanto más.
노 떼 아구안또 마스

✿ 진짜 짜증난다. (스페인 구어적 표현)
Estoy hasta las narices.
에스또이 아스따 라스 나리세스

유사표현 Estoy harto, Esto es el colmo.

✿ 나 화나게 하지 마. (스페인 구어적 표현)
No me saques de quicio, ¡eh!
노 메 사께스 데 끼시오 에

116

Unidad 6 상대방이 화가 났을 때

☺ 화났어요?
¿Está enfadado(a)?
에스따 엔파다도(다)

화난 친구한테는
¿Qué te pasa?(무슨 일이야?)
라고 물어봐도 된다.

☺ 아직도 화나 있어?
¿Todavía estás enfadado(a)?
또다비아 에스따스 엔파다도(다)

☺ 그래서 나한테 화났어?
¿Por eso estás enfadado(a) conmigo?
뽀르 에소 에스따스 엔파다도(다) 꼰미고

☺ 뭐 때문에 화를 내는 거야?
¿Por qué te enfadas?
뽀르 께 떼 엔파다스

☺ 네가 왜 나한테 화내는지 모르겠어.
No sé por qué te enfadas conmigo.
노 세 뽀르 께 떼 엔파다스 꼰미고

Unidad 7 화가 난 상대를 진정시킬 때

☺ 진정하세요!
¡Cálmese! / ¡Tranquilo(a)!
깔메세 / 뜨란낄로(라)

¡Tranquilo!는 '진정해, 맘 편히
가져, 걱정 마' 등의 의미로
진정시킬 때 자주 쓰인다.

☺ 진정해!
¡Cálmate! / ¡Tranquilo(a)!
깔마떼 / 뜨란낄로(라)

✿ 화내지 마세요!
¡No se enfade!
노 세 엔파데

✿ 이성을 잃으면 안 돼.
No pierdas la razón.
노 삐에르다스 라 라쏜

perder 잃다 razón 이성
유사표현 No pierdas la calma.
(평정심을 잃지 마.)

✿ 화 푸세요.
Deje de enfadarse.
데헤 데 엔파다르세

enfadarse 화내다
유사표현 Ya no se enfade más.
(이제 더 화내지 마세요.)

✿ 화낼 필요는 없어.
No necesitas enfadarte.
노 네세시따스 엔파다르떼

Unidad 8 슬플 때

✿ 아, 슬퍼!
Ah, ¡qué triste!
아 께 뜨리스떼

✿ 아이고, 가엾어라!
Ay, ¡qué pena!
아이 께 뻬나

유사표현 ¡Quá lástima!

✿ 어머, 불쌍해라!
Ay, ¡qué pobre!
아이 께 뽀브레

✿ 슬퍼.
Me siento triste.
메 시엔또 뜨리스떼

Me siento ~하게 느껴, 영어의
I feel과 동일한 표현.
triste 슬픈 miserable 절망적인

✿ 비참한 기분이에요.
Me siento miserable.
메 시엔또 미세라블레

✿ 영화가 슬프게 해.
La película me pone triste.
라 뻴리꿀라 메 뽀네 뜨리스떼

película 영화
Me pone ~
나에게 ~한 감정이 들게 해

✿ 슬퍼서 울고 싶은 심정이에요.
Me siento tan triste que quiero llorar.
메 시엔또 딴 뜨리스떼 께 끼에로 요라르

✿ 세상이 꼭 끝나는 것 같아.
Parece que el mundo se acaba.
빠레세 께 엘 문도 세 아까바

mundo 세상 acabarse 끝나다
유사표현 Siento que el mundo se acaba.

✿ 울고 싶어요.
Tengo ganas de llorar.
뗑고 가나스 데 요라르

| **Unidad** | **9** | **우울할 때** |

✿ 우울해요.
Estoy deprimido(a).
에스또이 데쁘리미도(다)

✿ 저는 희망이 없어요.
No tengo esperanza.
노 뗑고 에스뻬란사

✿ 절망적인 기분이에요.
Me siento desesperado(a).
메 시엔또 데세스뻬라도(다)

desesperado/a 절망적인
유사표현 Estoy en un callejón
sin salida.(궁지에 몰렸어요.)

✿ 아무것도 하고 싶지 않아요.
No tengo ganas de hacer nada.
노 뗑고 가나스 데 아세르 나다

✿ 가슴이 아파요.
Me duele el corazón.
메 두엘레 엘 꼬라쏜

corazón 마음, 심장
Me duele~ (어디)가 아파요

✿ 농담할 기분이 아니예요.
No estoy para bromas.
노 에스또이 빠라 브로마스

✿ 내가 당신 옆에서 돌봐 줄게요.
Yo estoy contigo para cuidarte.
요 에스또이 꼰띠고 빠라 꾸이다르떼

✿ 너무 우울해 하지 마.
No te pongas triste.
노 떼 뽕가스 뜨리스떼

✿ 기운 내!
¡Ánimo! / ¡Anímate!
아니모 / 아니마떼

✿ 너는 이겨낼 수 있어.
Tú puedes superarlo.
뚜 뿌에데스 수뻬라르로

✿ 세월이 약이야.
El tiempo todo lo cura.
엘 띠엠뽀 또도 로 꾸라

El tiempo lo cura todo.
라고 말해도 된다.
tiempo 시간 curar 치료하다

Capítulo 02 놀라움과 무서움을 나타낼 때

놀라움과 두려운 마음을 표현할 때는 어설프게 흉내를 내는 것
보다 자연스럽게 표현하는 게 좋습니다. 흔히 놀라움을 표현
할 때 영어로 Oh, my God!을 스페인어로는 ¡Por Dios!, ¡Dios
mío!등으로 표현합니다. 뭔가 새로운 소식에 놀라움을 표현할
때는 sorprender 동사를, 무서움을 표현할 때는 asustar 동사를
사용해서 표현할 수 있습니다.

Unidad 1 자신이 놀랐을 때

❁ 저런, 세상에!
¡Ay, por Dios!
아이 뽀르 디오스

❁ 하느님 맙소사!
¡Dios mío! / ¡Santo Dios!
디오스 미오 / 산또 디오스

❁ 말도 안 돼!
¡Ni hablar! / ¡No me digas!
니 아블라르 / 노 메 디가스

❁ 어머나!
¡Vaya!
바야

> ¡Madre mía!라고도 말할 수 있다.

❁ 깜짝이야!
¡Qué sorpresa!
께 소르쁘레사

> sorpresa 놀라움, 서프라이즈
> 애기치 않은 놀라운 소식을
> 듣거나 또는 반가운 손님이 왔을
> 경우에 놀라움을 표현할 때 쓴다.

✪ 정말 놀랐어. (경이로움)

Estoy totalmente sorprendido(a).

에스또이 또딸멘떼 소르쁘렌디도(다)

✪ 놀랐어. (두려움)

Estoy asustado(a).

에스또이 아수스따도(다)

두려움 또는 공포에 대한
놀람을 표현

✪ 굉장한데!

¡Es impresionante! / ¡Es maravilloso!

에스 임쁘레시오난떼 / 에스 마라비요소

✪ 놀래라!

¡Ay, qué susto!

아이 께 수스또

✪ 놀라운 소식이야!

¡Es una noticia asombrosa!

에스 우나 노띠시아 아솜브로사

✪ 너 때문에 놀랐잖아.

Me has asustado.

메 아스 아수스따도

✪ 정말이야?

¿De veras?

데 베라스

✪ 설마! 그럴 리가 없어!

¡No puede ser!

노 뿌에데 세르

¡De ninguna manera!
라고도 말한다.

✪ 내 눈을 믿을 수가 없어.

No puedo creerme lo que estoy viendo.

노 뿌에도 끄레에르메 로 께 에스또이 비엔도

유사표현 Lo veo y no lo creo.
(보고도 못 믿겠어.)

🌸 농담하는 거니?
¿Estás de broma, no?
에스따스 데 브로마 노

bromear 농담하다 broma 농담
유사표현 ¿Es una broma, no?
(농담이지, 그렇지?), ¿Estás
bromeando?(농담하고 있니?)

🌸 정말 좋은 소식이구나!
¡Qué buena noticia!
께 부에나 노띠시아

🌸 정말 나쁜 소식이군!
¡Qué mala noticia!
께 말라 노띠시아

🌸 전혀 예상조차 못했어!
¡No me lo esperaba para nada!
노 메 로 에스뻬라바 빠라 나다

🌸 놀라게 하지 마.
No me asustes.
노 메 아수스떼스

Unidad 2 상대방이 놀랐을 때

🌸 놀랐니? (놀라운 소식을 듣거나 경이로움을 표현할 때)
¿Estás sorprendido(a)?
에스따스 소르쁘렌디도(다)

🌸 놀랐니? (두려움)
¿Estás asustado(a)?
에스따스 아수스따도(다)

🌸 진정해.
Cálmate.
깔마떼

✿ 놀라지 마.

No te asustes.

노 떼 아수스떼스

✿ 놀랄 필요 없어.

No necesitas asustarte.

노 네세시따스 아수스따르떼

✿ 여러분, 침착하세요, 놀라지 마세요.

Todos, cálmense, no se asusten.

또도스 깔멘세 노 세 아수스뗀

✿ 앉아서 긴장을 푸는 게 좋겠어요.

Es mejor que te sientes y te relajes un poco.

에스 메호르 께 떼 시엔떼스 이 떼 렐라헤스 운 뽀꼬

✿ 숨을 깊게 들이쉬고 10까지 세어 봐.

Respira profundamente y cuenta hasta diez.

레스삐라 쁘로푼다멘떼 이 꾸엔따 아스따 디에스

Unidad 3 믿겨지지 않을 때

✿ 정말?

¿De verdad?

데 베르닫

✿ 믿을 수 없어!

¡Es increíble!

에스 인끄레이블레

increíble 믿을 수 없는, 영어의
It's unbelievable.과 동일한 표현

✿ 설마? 믿을 수 없어.

¿De veras? No me lo puedo creer.

데 베라스 노 메 로 뿌에도 끄레에르

✿ 농담하는 거야?

¿Me estás tomando el pelo?

메 에스따스 또만도 엘 뻴로

tomar el pelo 놀리다
¿Me tomas el pelo, no?
라고도 말할 수 있다.

✿ 진심인가요?

¿En serio?

엔 세리오

✿ 그것은 금시초문인데요.

Nunca he oído de eso.

눈까 에 오이도 데 에소

Unidad 4 무서울 때

✿ 무서워요.

Tengo miedo.

뗑고 미에도

✿ 무서워 죽겠어요.

Me muero de miedo.

메 무에로 데 미에도

Me muero de ~해서 죽겠어요
Me muero de hambre.
(배고파 죽겠어요.)
Me muero de sueño.(졸려 죽겠어요.)

✿ 엄마가 너무 무서워요.

Le tengo mucho miedo a mi madre.

레 뗑고 무초 미에도 아 미 마드레

✿ 귀신이 너무 무서워요.

Tengo mucho miedo de los fantasmas.

뗑고 무초 미에도 데 로스 판따스마스

✿ 정말 무서운 영화였어.

Era una película de mucho miedo.

에라 우나 뻴리꿀라 데 무초 미에도

✿ 소름 끼쳐.

Me pone la piel de gallina.

메 뽀네 라 삐엘 데 가이나

piel 피부 gallina 암탉
직역하면 '닭살 돋아'가 된다.
Me da escalofríos (소름끼쳐)
표현도 함께 기억하자.

✿ 무서워서 온몸의 털이 곤두섰어.

Se me pone los pelos de punta.

세 메 뽀네 로스 뻴로스 데 뿐따

✿ 간 떨어질 뻔했어요.

Casi me dio un infarto.

까시 메 디오 운 인파르또

유사표현 Casi me da un infarto.
(간 떨어지겠어요.)
dar un infarto 심장발작을 일으키다.
스페인 비속어 표현 Estoy cagada
de miedo.(무서워 죽겠어)

✿ 너무 무서워서 아무것도 못 하겠어.

Estoy tan asustado(a) que no me puedo mover.

에스또이 딴 아수스따도(다) 께 노 메 뿌에도 모베르

Unidad 5 진정시킬 때

✿ 무서워 하지 마.

No tengas miedo.

노 뗑까스 미에도

✿ 안심해! 아무 문제 없어.

¡Tranquilo(a)! No hay ningún problema.

뜨란낄로(라) 노 아이 닌군 쁘로블레마

✿ 두려워 할 건 아무것도 없어.

No hay nada que temer.

노 아이 나다 께 떼메르

✿ 걱정하지 마세요. 아무 일도 없을 거예요.

No se preocupe. No pasará nada.

노 세 쁘레오꾸뻬 노 빠사라 나다

pasar (일이) 발생하다 nada 아무것
유사표현 No lo piense más.
(더 생각하지 마세요.)

126

Capítulo 03 근심과 격려를 나타낼 때

상대방이 근심과 걱정을 하고 있다면 다양한 방법으로 상대를 위로해 줄 수 있습니다. ¡Qué pena!(유감입니다!), ¡Qué mal!(참 안됐군요!), ¡Qué horror!(끔찍하군요!) 등의 감탄문을 써서 상대방의 감정에 공감을 해 줄 수도 있고, Todo te irá bien.(모든 것이 잘 될 거예요)라고 상대에게 격려의 표현을 할 수도 있습니다.

Unidad 1 걱정을 물을 때

무슨 일이야?
¿Qué te pasa?
께 떼 빠사

> 포멀한 관계에서는
> ¿Qué le pasa?(무슨 일이세요?)

문제가 뭐야?
¿Cuál es el problema?
꾸알 에스 엘 쁘로블레마

걱정되는 일이라도 있어?
¿Hay algo que te preocupa?
아이 알고 께 떼 쁘레오꾸빠

집에 무슨 나쁜 일이 있어?
¿Hay algún problema en tu casa?
아이 알군 쁘로블레마 엔 뚜 까사

> 유사표현 ¿Tienes problemas en casa?

무슨 일로 걱정하는 거야?
¿Qué te preocupa?
께 떼 쁘레오꾸빠

⭐ 왜 그래? 컨디션 안 좋아?

¿Por qué te pones así? ¿Estás mal?

뽀르 께 떼 뽀네스 아시 에스따스 말

⭐ 왜 그렇게 초조해하고 있니?

¿Por qué estás tan nervioso(a)?

뽀르 께 에스따스 딴 네르비오소(사)

⭐ 안색이 좋지 않구나.

Tienes mala cara.

띠에네스 말라 까라

⭐ 괜찮아?

¿Estás bien?

에스따스 비엔

> 유사표현 ¿Te encuentras bien?
> (컨디션 괜찮아?)

⭐ 무슨 일이야? 컨디션이 안 좋아?

¿Qué te pasa? ¿Te encuentras mal?

께 떼 빠사 떼 엔꾸엔뜨라스 말

⭐ 기분이 언짢아 보여.

Parece que estás de mal humor.

빠레세 께 에스따스 데 말 우모르

⭐ 우울해 보여.

Pareces deprimido(a).

빠레세스 데쁘리미도(다)

> Pareces~ (너) ~해 보여
> Pareces triste. (슬퍼 보여.)
> Pareces preocupado.
> (걱정 있는 것처럼 보여.)

⭐ 걱정이 있는 것 같구나.

Te veo preocupado(a).

떼 베오 쁘레오꾸빠도(다)

⭐ 뭐 잘 안 돼 가?

¿Va algo mal?

바 알고 말

✿ 무슨 일이지 말해 봐.
Dime qué te pasa.
디메 께 떼 빠사

Unidad 2 위로할 때

✿ 걱정하지 마.
No te preocupes.
노 떼 쁘레오꾸뻬스

✿ 모든 게 다 잘 될 거야.
Todo irá bien.
또도 이라 비엔

✿ 걱정은 이제 다 잊어버려.
Olvídate de todo lo que te preocupa.
올비다떼 데 또도 로 께 떼 쁘레오꾸빠

✿ 긍정적으로 생각해.
Sé optimista.
세 옵띠미스따

> optimista 낙천적인
> 유사표현 Piensa positivamente.

✿ 문제 없어요.
No hay ningún problema.
노 아이 닌군 쁘로블레마

✿ 물론, 확신해요.
Claro, seguro(a).
끌라로 세구로(라)

✿ 자, 걱정할 것 없어.
Pues, despreocúpate.
뿌에스 데스쁘레오꾸빠떼

✿ 잊어버려.
Olvídate.
올비다떼

✿ 실망하지 마.
No te decepciones.
노 떼 데셉시오네스

decepcionarse 실망하다
No te sientas decepcionado.
라고도 말한다.

✿ 당신의 마음을 이해해요.
Entiendo cómo te sientes.
엔띠엔도 꼬모 떼 시엔떼스

✿ 걱정 말고 이제 말해 봐.
No te preocupes y trata de decírmelo.
노 떼 쁘레오꾸뻬스 이 뜨라따 데 데시르메로

✿ 부담 갖지 마.
No te sientes responsable.
노 떼 시엔떼스 레스뽄사블레

✿ 스트레스 받지 마.
No estés estresado(a).
노 에스떼스 에스뜨레사도(다)

estresado/a 스트레스 받은
estrés 스트레스
유사표현 No tengas estrés.

Unidad 3 격려할 때

✿ 자, 어서 힘 내!
Venga, ¡ánimo!
벵가 아니모

✿ 기운 내!
¡Anímate!
아니마떼

☺ 화이팅! 우리 다 같이 할 수 있어요!
¡Vamos, podemos hacerlo juntos!
바모스 뽀데모스 아세르로 훈또스

☺ 너는 할 수 있어.
Tú eres capaz.
뚜 에레스 까빠스

capaz 할 수 있는, 능력 있는
유사표현 Eres capaz de hacerlo.
(넌 할 수 있어.)

☺ 네 자신을 믿어.
Confía en ti.
꼰피아 엔 띠

☺ 행운을 빌게.
Te deseo mucha suerte.
떼 데세오 무차 수에르떼

☺ 포기하지 마.
No lo abandones.
노 로 아반도네스

☺ 나는 네 편이야.
Estoy de tu lado.
에스또이 데 뚜 라도

유사표현 Tienes mi apoyo.

☺ 자신감을 가져.
Ten confianza en ti mismo(a).
뗀 꼰피안사 엔 띠 미스모(아)

☺ 난 네가 잘할 거라고 확신해.
Estoy seguro(a) de que lo puedes hacer bien.
에스또이 세구로(라) 데 께 로 뿌에데스 아세르 비엔

☺ 물론, 가능해. (넌 할 수 있어)
Claro, tú puedes.
끌라로 뚜 뿌에데스

Capítulo **04** 불만과 불평을 할 때

자신의 감정을 솔직히 나타내 보이는 것은 상대방과 친해질 수 있는 좋은 방법입니다. 상황에 맞는 표현과 함께 entonación(억양), accento(강세), gestos(제스처) 등을 적절하게 사용하는 것이 중요합니다. 부정적인 감정을 나타내는 형용사에는 terrible(무시무시한), horrible(끔찍한), asqueroso(구역질 나는), aburrido(지루한), fastidiado(귀찮은), irritado(짜증나는) 등이 있습니다.

Unidad 1 귀찮을 때

✿ 귀찮아.
Me molesta.
메 몰레스따

✿ 아, 참 귀찮아!
Ah, ¡qué molesto!
아 께 몰레스또

> 귀찮은 사람에게
> ¡Qué pesado/a!라고 말한다.
> molesto 귀찮음, 짜증

✿ 넌 참 귀찮아. 넌 날 귀찮게 해.
Me molestas mucho.
메 몰레스따스 무초

✿ 날 귀찮게 하지 마.
No me molestes.
노 메 몰레스떼스

✿ 귀찮게 굴지 말고 저리 가!
¡No me molestes y vete!
노 메 몰레스떼스 이 베떼

> '나가, 꺼져'라는 표현으로
> 구어체에서는 ¡Fuera! ¡Fuera de
> aquí!라고도 말한다.

✿ 또 시작이군.

Otra vez con lo mismo.

오뜨라 베스 꼰 로 미스모

otra vez 다시 lo mismo 같은 것
유사표현 No empieces otra vez.

Unidad 2 불평을 할 때

✿ 넌 항상 불평하는구나.

Tú siempre estás quejándote de algo.

뚜 시엠쁘레 에스따스 께한도떼 데 알고

✿ 뭐에 대해 불평하는 거예요?

¿De qué se está quejando?

데 께 세 에스따 께한도

유사표현 ¿De qué se queja?

✿ 투덜대지 마!

¡No te quejes!

노 떼 께헤스

✿ 불평 좀 그만 해!

¡Deja de quejarte ya!

데하 데 께하르떼 야

✿ 왜 그렇게 많이 불평하는 거니?

¿Por qué te quejas tanto?

뽀르 께 떼 께하스 딴또

Eres un quejica.(넌 불평쟁이야.)

✿ 나한테 불만 있어?

¿Tienes alguna queja de mí?

띠에네스 알구나 께하 데 미

유사표현 ¿Tienes algún problema
conmigo?(나한테 문제 있니?)

✿ 아무 불만 없어.

No tengo ninguna queja.

노 뗑고 닌구나 께하

Unidad 3   불만을 나타낼 때

✿ 저로서는 불만입니다.
No estoy satisfecho(a).
노 에스또이 사띠스페초(차)

✿ 저에게 불만 있어요?
¿Tiene algún problema conmigo?
띠에네 알군 쁘로블레마 꼰미고

유사표현 ¿Tienes algo contra mí?

✿ 왜 그렇게 불만족스러운가요?
¿Por qué está tan insatisfecho(a)?
뽀르 께 에스따 딴 인사띠페초(차)

Unidad 4   지겹고 지루할 때

✿ 너무 지루해.
Estoy muy aburrido(a).
에스또이 무이 아부리도(다)

최상급 표현
Estoy aburridísimo/a.
(정말 지루해.)

✿ 지루해 죽겠어.
Me muero de aburrimiento.
메 무에로 데 아부리미엔또

✿ 하는 일 지루하지 않아요?
¿No te aburres en ese trabajo?
노 떼 아부레스 엔 에세 뜨라바호

✿ 따분하죠, 그렇죠?
Es muy aburrido, ¿no?
에스 무이 아부리도 노

✿ 생각만 해도 지긋지긋해요.
Me pone enfermo/a de solo pensarlo.
메 뽀네 엔페르모/마 데 솔로 뻰사르로

enfermar 아프게 하다
pensar 생각하다
유사표현 Lo pienso, y me enfermo.

✿ 지긋지긋해.
Estoy harto(a).
에스또이 아르또(따)

✿ 이 일은 정말 지겨워.
Estoy harto(a) de este trabajo.
에스또이 아르또(따) 데 에스떼 뜨라바호

✿ 이제 더 이상 견딜 수 없어.
Ya no lo aguanto más.
야 노 로 아구안또 마스

aguantar / soportar 견디다
유사표현 Ya no lo soporto.
(더 이상 견딜 수 없어.)

Unidad 5 짜증날 때

✿ 짜증나.
Me fastidia.
메 파스띠디아

✿ 얼마나 짜증나는지!
¡Cómo me fastidia!
꼬모 메 파스띠디아

✿ 정말 스트레스 쌓이는군!
¡Es realmente estresante!
에스 레알멘떼 에스뜨레산떼

✿ 넌 정말 짜증나.
Me fastidias mucho.
메 파스띠디아스 무초

Parte 04 | 거침없는 감정 표현

05 감탄과 칭찬을 할 때

감정을 표현하는 것을 좋아하는 스페인 사람들은 아름다운 것을 보고 감탄하고 상대방의 재능과 외모 등을 보고 칭찬을 많이 하는 것을 주저하지 않습니다. 칭찬이나 감탄에 익숙하지 않는 우리 나라 사람들이 스페인 사람들이 툭하면 사용하는 감탄문이나 과장된 칭찬의 표현에 다소 생소함을 느낄 수도 있습니다. 아름다운 풍경을 보면 ¡Qué bonito!(참 아름답구나!), 맛있는 음식을 먹을 때는 ¡Qué rico!(진짜 맛있다!), 예쁜 여인을 만나면 ¡Qué guapa!(참 예뻐요!) 등의 표현을 쓰는 것에 익숙해져야 합니다.

Unidad 1 감탄의 기분을 나타낼 때

❁ 멋지네요! / 훌륭합니다!
¡Genial! / ¡Estupendo! / ¡Fantástico!
헤니알 / 에스뚜뻰도 / 판따스띠꼬

❁ 정말 아름답네요!
¡Qué bonito(a)!
께 보니또(따)

> 유사표현 ¡Qué bello/a!, ¡Qué precioso/a!, ¡Qué hermoso/a!

❁ 경치가 참 멋져요!
¡Qué paisaje tan bonito!
께 빠이사헤 딴 보니또

❁ 정말 맛있어요!
¡Qué rico(a)! / ¡Qué bueno(a)!
께 리꼬(까) / 께 부에노(나)

> 유사표현 ¡Qué delicioso!, ¡Qué sabroso!, ¡Qué exquisito! 등도 함께 기억하자.

❁ 잘했어요!
¡Bien hecho! / ¡Excelente! / ¡Muy bien!
비엔 에초 / 엑셀렌떼 / 무이 비엔

✿ 정말 재미있네요!
¡Qué interesante!
께 인떼레산떼

✿ 대박! 멋진데요!
¡Qué guay!
께 구아이

> 멋지고 예쁜 물건을 보고 ¡Qué chulo!라고 자주 말한다. 영어의 So cool과 유사한 표현이다.

✿ 날씨가 참 좋아요!
¡Qué buen tiempo hace!
께 부엔 띠엠뽀 아세

✿ 집이 정말 예뻐요!
¡Qué bonita la casa!
께 보니따 라 까사

✿ 그림이 정말 예뻐요!
¡Qué cuadro tan bonito!
께 꾸아드로 딴 보니또

Unidad 2 능력과 성과를 칭찬할 때

✿ 대단하군요!
¡Increíble! / ¡Impresionante! / ¡Fenomenal!
인끄레이블레 / 임쁘레시오난떼 / 페노메날

✿ 참 잘했어요!
¡Muy bien! / ¡Buen trabajo!
무이 비엔 / 부엔 뜨라바호

> 유사표현 ¡Bien hecho!

✿ 정말 훌륭해요!
¡Excelente!
엑셀렌떼

✿ 아주 잘 하고 있어. 계속 그렇게 하면 돼.

Lo estás haciendo muy bien, continúa así.

로 에스따스 아시엔도 무이 비엔 꼰띠누아 아시

✿ 난 네가 자랑스러워.

Estoy muy orgulloso(a) de ti.

에스또이 무이 오르구요소(사) 데 띠

✿ 초보치고는 상당히 잘 하네요.

Para ser nuevo, lo estás haciendo muy bien.

빠라 세르 누에보 로 에스따스 아시엔도 무이 비엔

✿ 넌 참 빨리 배우는구나.

Tú aprendes muy rápido.

뚜 아쁘렌데스 무이 라삐도

aprender 배우다 rápido 빨리
유사표현 Parece que vas a
hacerlo todo muy bien.
(넌 다 아주 잘 할 것 같아.)

Unidad 3 외모를 칭찬할 때

✿ 멋있어요! (남자의 외모)

¡Qué guapo!

께 구아뽀

✿ 참 예뻐요! (여자의 외모)

¡Qué guapa!

께 구아빠

¡Qué bonita!
¡Qué linda!
¡Qué bella! 등이 있다.

✿ 너무 귀엽다!

¡Qué mono(a)!

께 모노(나)

✿ 눈이 참 예쁘세요.

Tiene los ojos muy bonitos.

띠에네 로스 오호스 무이 보니또스

138

✿ 나이처럼 보이지 않아요.
No aparenta su edad.
노 아빠렌따 수 에닫

aparentar (겉보기에 어떤 나이로)
보이다 edad 나이
유사표현 Se ve muy joven.
(아주 젊어 보여요.)

✿ 머리카락이 참 부드럽군요.
Tiene el pelo muy sedoso.
띠에네 엘 뻴로 무이 세도소

✿ 머리 스타일이 참 잘 어울려요.
Le queda muy bien el peinado.
레 께다 무이 비엔 엘 뻬이나도

✿ 원피스가 너에게 잘 어울려.
Te queda muy bien el vestido.
떼 께다 무이 비엔 엘 베스띠도

✿ 몸매 정말 예쁘다! (제3자에 대해 얘기할 때)
¡Qué cuerpo tan bonito!
께 꾸에르뽀 딴 보니또

cuerpo 몸
유사표현 ¡Que tipo tan bonito!

✿ 너에게 반했어.
Me he enamorado de ti.
메 에 에나모라도 데 띠

✿ 당신이 남자 친구가 있다고 확신해요.
Estoy seguro(a) de que tiene novio.
에스또이 세구로(라) 데 께 띠에네 노비오

✿ 정말 멋진데! 어디에서 샀어?
¡Qué chulo! ¿Dónde lo has comprado?
께 출로 돈데 로 아스 꼼쁘라도

유사표현 ¡Qué guay!
¡Muy guay!(정말 멋지다!),
영어의 So cool.

✿ 사진보다 실물이 더 예뻐.
Mejoras en persona.
메호라스 엔 뻬르소나

✿ 아이가 참 귀엽다!

¡Qué mono!

께 모노

> 예쁜 아기를 보고 칭찬할 때는
> ¡Qué monada!, ¡Que rico!,
> ¡Que ricura!, ¡Es precioso!
> 처럼 표현할 수 있다.

Unidad 4 재주와 실력을 칭찬할 때

✿ 넌 기억력이 참 좋구나!

¡Tienes muy buena memoria!

띠에네스 무이 부에나 메모리아

✿ 넌 요리를 참 잘하는구나!

¡Eres muy buena cocinera!

에레스 무이 부에나 꼬시네라

✿ 넌 수학 천재야!

¡Eres un genio para las matemáticas!

에레스 운 헤니오 빠라 라스 마떼마띠까스

✿ 넌 참 재능이 많아!

¡Tienes muchos talentos!

띠에네스 무초스 딸렌또스

> talento 재능 capacidad 능력
> 유사표현 Tienes una gran
> capacidad.(넌 능력이 대단해.)

✿ 넌 음악에 재능이 있어.

Tienes un don para la música.

띠에네스 운 돈 빠라 라 무시까

> tener un don 재능을 갖고 있다
> Tienes un don para los idiomas.
> (언어에 재능이 있어.)

✿ 참 잘하는구나. 참 부러워!

Lo haces muy bien. ¡Qué envidia!

로 아세스 무이 비엔 께 엔비디아

✿ 스페인어를 어떻게 그렇게 잘 해?

¿Cómo puedes hablar español tan bien?

꼬모 뿌에데스 아블라르 에스빠뇰 딴 비엔

✿ 넌 못하는 게 없구나.

Eres capaz de cualquier cosa.

에레스 까빠스 데 꾸알끼에르 꼬사

유사표현 Eres capaz de hacerlo
todo.(넌 뭐든 할 수 있어.)

✿ 넌 그럴 자격이 있어.

Te lo mereces.

떼 로 메레세스

Unidad 5 그밖에 여러 가지를 칭찬할 때

✿ 그거 정말 좋은데요!

¡Eso es estupendo!

에소 에스 에스뚜뻰도

✿ 정말 근사해요!

¡Qué maravilla!

께 마라비야

✿ 집이 정말 멋져요!

¡Qué casa tan preciosa!

께 까사 딴 쁘레시오사

Unidad 6 친절과 성격에 대해 칭찬할 때

✿ 넌 참 상냥하구나!

¡Eres muy simpático(a)!

에레스 무이 심빠띠꼬(까)

simpático 상냥한, 호감 가는
(잘 웃고 리액션이 좋으며 말을
많이 하는 사람에게 쓰는 말)

✿ 당신은 참 친절하시군요!

¡Es usted muy amable!

에스 우스뗀 무이 아마블레

✿ 넌 참 똑똑해!
¡Eres muy listo(a)!
에레스 무이 리스또(따)

✿ 참 세심하시군요!
¡Qué detallista eres!
께 데따이스따 에레스

detallista 세심한 detalle 세심함
유사표현 ¡Qué detalle tienes!
(세심도 해라!)

✿ 넌 항상 나에게 잘해 줬어.
Siempre me has tratado muy bien.
시엠쁘레 메 아스 뜨라따도 무이 비엔

✿ 넌 참 사리분별력이 있는 사람이야.
Eres una persona muy discreta.
에레스 우나 뻬르소나 무이 디스끄레따

Unidad 7 칭찬에 대한 응답

✿ 그렇게 말해 주니 고마워요.
Gracias por decirme eso.
그라시아스 뽀르 데시르메 에소

칭찬에 대한 응답으로 Gracias
(고마워)를 가장 많이 사용한다.
Gracias, he trabajado duro.
(고마워요, 열심히 했어요.)

✿ 비행기 태우지 마.
No me pongas por las nubes.
노 메 뽕가스 뽀르 라스 누베스

✿ 제가 한턱 내야겠군요. (농담)
Yo le pago de una copa.
요 레 빠고 데 우나 꼬빠

✿ 넌 참 다정하구나!
¡Qué dulce eres!
께 둘세 에레스

Capítulo 06 비난과 책망을 할 때

비난을 하거나 말다툼을 할 때 사용하는 표현은 외국인의 입장에서 자주 사용할 기회가 없기는 하지만 이러한 표현은 만약을 대비해서 꼭 익혀 두면 적절한 상황에서 활용할 수 있습니다. 상대방의 말이 지나칠 경우에는 ¿Cómo te atreves a decirme así?(나한테 어떻게 그렇게 말할 수 있어?)라고 따끔하게 한 마디 해 주는 것도 알아두면 좋겠죠.

Unidad 1 비난할 때

🌸 창피해!
¡Qué vergüenza!
께 베르구엔사

> vergüenza 부끄러움, 창피
> 유사표현 Estoy muy avergonzado.

🌸 창피하지 않니?
¿No te da vergüenza?
노 떼 다 베르구엔사

🌸 구역질 나!
¡Qué asco!
께 아스꼬

> asco 구역질 (싫어하는 음식, 사람 등에게 표현하는 부정적인 감정)
> ¡Qué asco me da!

🌸 바보 같은 짓 하지 마.
No hagas tonterías.
노 아가스 똔떼리아스

🌸 너 미쳤어?
¿Estás loco(a)?
에스따스 로꼬(까)

> loco/a 미친
> ¿No estás bien de la cabeza?
> (머리가 어떻게 된 거 아니니?)

✪ 왜 그렇게 행동하니?

¡Por qué te portas así?

뽀르 께 떼 뽀르따스 아시

✪ 저질!

¡Es asqueroso!

에스 아스께로소

✪ 얼굴이 두껍군! 뻔뻔하군!

¡Qué caradura!

께 까라두라

caradura 철면피
cara dura 두꺼운 얼굴
유사표현 ¡Qué cara más dura!

✪ 정말 유치하군!

¡Qué infantil eres!

께 인판띨 에레스

✪ 유치하게 굴지 마.

No seas tan niñato.

노 세아스 딴 니냐또

✪ 그는 정말 바보야.

Es un tonto.

에스 운 똔또

유사표현 Es un estúpido. Es un
imbécil.(머저리, 멍청이를 의미,
모욕적인 발언)

✪ 너 참 어리석구나! (모욕적인 발언)

¡Qué idiota eres!

께 이디오따 에레스

✪ 바보처럼 굴지 마!

¡No seas tonto(a)!

노 세아스 똔또(따)

✪ 넌 눈치가 전혀 없구나!

¡Tú no te enteras de nada!

뚜 노 떼 엔떼라스 데 나다

144

✿ 정신 나갔어?
¿Has perdido la cabeza?
아스 뻬르디도 라 까베사

perder la cabeza 이성을 잃다
유사표현 ¿Se te ha ido la pinza?,
¿Se te ha ido la pelota?

✿ 네가 할 줄 아는 게 뭐야?
¿Qué demonios sabes hacer?
께 데모니오스 사베스 아세르

미련 곰탱이 같은 사람에게 No
sabes hacer la O con un canuto.
라고 말한다.

Unidad 2 말싸움을 할 때

✿ 이봐요! 목소리 좀 낮춰요!
¡Oiga! ¡No hable muy alto, por favor!
오이가 노 아블레 무이 알또 뽀르 파보르

✿ 이봐! 소리 지르지 마.
¡Oye! ¡No me grites!
오예 노 메 그리떼스

✿ 바보 같은 소리하지 마.
No digas tonterías.
노 디가스 똔떼리아스

✿ 정말 실망이야!
¡Qué decepción!
께 데셉시온

✿ 집어 쳐! (모욕적인 발언)
¡No seas coñazo!
노 세아스 꼬냐소

coñazo 귀찮은 사람, 귀찮은 일
유사표현 !Eres un coñazo¡.

✿ 감히 나한테 어떻게 그렇게 얘기할 수 있어?
¿Cómo te atreves a decírmelo así?
꼬모 떼 아뜨레베스 아 데시르메로 아시

✿ 왜 내가 잘못했다는 거야?

¿Por qué me culpas a mí?

뽀르 께 메 꿀빠스 아 미

culpar = echar la culpa 비난하다, 나무라다
유사표현 ¿Por qué me echas la culpa?

✿ 이제 닥쳐! 제기랄!

¡Joder! ¡Cállate ya!

호데르 까야떼 야

✿ 한 대 쳐 주겠어! (남자끼리 몸싸움하기 직전에 하는 말)

¡Te voy a partir la cara!

떼 보이 아 빠르띠르 라 까라

✿ 네가 완전히 망쳤어.

Lo has jodido todo.

로 아스 호디도 또도

Por tu culpa está jodido.
(너 때문에 망쳤어.)

✿ 네 잘못이었어.

Fue tu culpa.

푸에 뚜 꿀빠

✿ 네가 틀린 거야. (잘못 안 거야)

Tú te equivocas.

뚜 떼 에끼보까스

유사표현 Estás equivocado/a.
(네가 틀렸어.)
영어의 You're wrong.

Unidad 3 변명을 할 때

✿ 변명하지 마.

No pongas excusas.

노 뽕가스 엑스꾸사스

✿ 변명은 듣고 싶지 않아.

No quiero escuchar tus excusas baratas.

노 끼에로 에스꾸차르 뚜스 엑스꾸사스 바라따스

✿ 이제 변명은 됐어.
Basta ya de excusas.
바스따 야 데 엑스꾸사스

Ya basta de excusas.라고 말해도 된다. ya 이제 bastar 충분하다

✿ 그건 변명이 안 돼.
Eso no puede ser excusa.
에소 노 뿌에데 세르 엑스꾸사

✿ 바보 같은 걸로 시비 걸지 마.
No discutas por una tontería.
노 디스꾸따스 뽀르 우나 똔떼리아

Unidad 4 꾸짖을 때

✿ 이제 다시는 절대 그러지 마.
No vuelvas a hacerlo nunca.
노 부엘바스 아 아세르로 눈까

✿ 말대꾸 하지 마.
No me discutas.
노 메 디스꾸따스

✿ 징징대지 마. (어린아이에게)
No chilles.
노 치예스

✿ 내 말 좀 들어.
Hazme caso.
아스메 까소

hacer caso 귀담아 듣다
No me haces ni caso. (넌 내 말을 전혀 귀담아 듣지 않아.)

✿ 모르면 아무 말도 하지 마.
No digas nada si no sabes.
노 디가스 나다 시 노 사베스

Si no sabes, no hables 라고 말해도 된다.

✿ 얌전하게 굴어! 점잖게 행동해!

¡Pórtate bien!

뽀르따떼 비엔

✿ 투덜대지 마!

¡No seas gruñón(a)!

노 세아스 그루뇬(냐)

✿ 꾀 부리지 마!

¡No hagas trampa!

노 아가스 뜨람빠

✿ 정신차려!

¡Mantén la cabeza fría!

만뗸 라 까베사 프리아

> cabeza 머리 frío/a 차가운, 냉정한
> 유사표현 Mantén la cabeza despejada.

Unidad 5 화해할 때

✿ 이제 됐어!

¡Ya basta!

야 바스따

✿ 말다툼 그만하는 게 어떨까?

¿Por qué no dejamos de discutir ya?

뽀르 께 노 데하모스 데 디스꾸띠르 야

✿ 이날 일은 잊어버려!

¡Olvídate lo de este día!

올비다떼 로 데 에스떼 디아

> este día는 '오늘' 혹은 과거의
> '어느날'을 의미한다.
> lo de ese día 그날 일

✿ 화해하자.

Vamos a reconciliarnos.

바모스 아 레꼰실리아르노스

핵심문장
동영상강의

Parte 5

일상생활의 화제 표현

스페인 사람들은 아침에는 간단하게 모닝커피와 과자로 아침을 먹고 출근하는 경우가 많습니다. 직장에서는 11시에서 11시 30분 경에는 간단하게 브런치 타임을 갖습니다. 그리고 점심식사는 2시에서 4시 사이에 가까운 바 등에서 하고 퇴근하면서 타파스(간단한 술과 안주)를 먹습니다. 저녁 식사는 9시에서 11시경에 샐러드 등으로 가볍게 먹으면서 마무리를 합니다. 요즘은 타파스로 저녁 식사를 대신하는 경우도 많습니다. 스페인 사람들은 이런 타파스 바에서 다양한 타파스를 즐기며 일상의 여유와 사교 생활을 즐긴답니다.

Capítulo 01 가족에 대해서

처음 만났을 때는 지나치게 개인적인 질문을 피하는 게 좋습니다. 꼭 알고 싶다면, Perdóndeme, ¿puedo hacer una pregunta personal?(죄송한데요, 개인적인 질문 하나 해도 돼요?)라고 말을 건다면 아주 예의 바른 표현이 됩니다. 하지만 허물없이 말하기를 좋아하는 스페인 사람들은 어느새 터놓고 자신들의 얘기를 하게 되는 상황을 자주 맞이하게 됩니다.

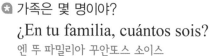

Unidad 1 가족에 대해 말할 때

✿ 가족은 몇 명이야?

¿En tu familia, cuántos sois?

엔 뚜 파밀리아 꾸안또스 소이스

familia 가족
유사표현 ¿Cuántas personas hay en tu familia?

✿ 가족이 많아?

¿Tienes una familia numerosa?

띠에네스 우나 파밀리아 누메로사

✿ 가족에 대해 말해 줘.

Háblame sobre tu familia.

아블라메 소브레 뚜 파밀리아

✿ 나는 부모님과 사이가 좋아.

Me llevo muy bien con mis padres.

메 예보 무이 비엔 꼰 미스 빠드레스

llevarse bien con
~와 사이가 좋다
Me llevo mal con mis padres.
(부모님과 사이가 안 좋아요.)

✿ 난 외동아들이야. 넌?

Soy hijo único, ¿y tú?

쏘이 이호 우니꼬 이 뚜

✿ 가족들이 그리워.

Echo mucho de menos a mi familia.

에초 무초 데 메노스 아 미 파밀리아

> extrañar = echar de menos
> 그리워하다
> 유사표현 Extraño mucho a mi familia.

✿ 가족은 나에게 아주 중요해.

La familia es muy importante para mí.

라 파밀리아 에스 무이 임뽀르딴떼 빠라 미

✿ 우리 가족은 아주 화목해.

Somos una familia muy feliz.

쏘모스 우나 파밀리아 무이 펠리스

✿ 부모님과 함께 사니?

¿Vives con tus padres?

비베스 꼰 뚜스 빠드레스

✿ 남편은 무슨 일을 해?

¿Qué hace tu marido?

께 아세 뚜 마리도

> ¿Qué hace tu mujer?
> 아내는 무슨 일 해?
> marido 남편 mujer 아내

✿ 부모님 연세가 어떻게 돼?

¿Cuántos años tienen tus padres?

꾸안또스 아뇨스 띠에넨 뚜스 빠드레스

> edad 나이
> 유사표현 ¿Qué edad tienen tus padres?

✿ 아내가 일을 하나요?

¿Trabaja tu mujer?

뜨라바하 뚜 무헤르

✿ 아버지는 어떤 일에 종사하니?

¿A qué se dedica tu padre?

아 께 세 데디까 뚜 빠드레

✿ 부모님은 어떤 분들이시니?

¿Cómo son tus padres?

꼬모 쏜 뚜스 빠드레스

✿ 부모님을 자주 뵙니?
¿Ves a tus padres a menudo?
베스 아 뚜스 빠드레스 아 메누도

✿ 형제가 몇 명이야?
¿Cuántos hermanos tienes?
꾸안또스 에르마노스 띠에네스

✿ 형이 두 명, 여동생이 한 명이야.
Tengo dos hermanos y una hermana.
뗑고 도스 에르마노스 이 우나 에르마나

> hermano mayor 오빠 hermana mayor 언니 hermano menor 남동생 hermana menor 여동생

✿ 형제자매가 있어?
¿Tienes hermanos?
띠에네스 에르마노스

✿ 아니, 없어. 난 외동딸이야.
No, no tengo hermanos. Soy hija única.
노 노 뗑고 에르마노스 쏘이 이하 우니까

✿ 동생은 몇 살이야?
¿Cuántos años tiene tu hermano?
꾸안또스 아뇨스 띠에네 뚜 에르마노

✿ 내 남동생은 나보다 두 살 어려.
Mi hermano es dos años menor que yo.
미 에르마노 에스 도스 아뇨스 메노르 께 요

✿ 우리는 쌍둥이예요.
Somos gemelos.
쏘모스 헤멜로스

> gemelos 이란성 쌍둥이, 일란성 쌍둥이는 mellizos라고 말한다.

152

😊 사촌형제가 있어? 자주 만나?

¿Tienes primos? ¿Ves a menudo a tus primos?

띠에네스 쁘리모스 베스 아 메누도 아 뚜스 쁘리모스

Unidad 3 자녀에 대해 말할 때

😊 아들딸은 몇 명이야?

¿Cuántos hijos tienes?

꾸안또스 이호스 띠에네스

😊 자녀들은 언제 가질 예정이니?

¿Cuándo vas a tener hijos?

꾸안도 바스 아 떼네르 이호스

😊 애들은 있어?

¿Tienes hijos?

띠에네스 이호스

> ¿Tienes niños?라고 말해도 된다.
> hijos 자녀들 niños 아이들

😊 아이들 이름이 뭐야?

¿Cómo se llaman tus niños?

꼬모 세 야만 뚜스 니뇨스

😊 아이들은 몇 살이야?

¿Cuántos años tienen tus niños?

꾸안또스 아뇨스 띠에넨 뚜스 니뇨스

😊 아이들은 학교에 다녀?

¿Tus niños van al colegio?

뚜스 니뇨스 반 알 꼴레히호

> colegio 학교
> cole '학교'의 줄임말

😊 내 아들은 초등학생이야.

Mi hijo estudia en el cole.

미 이호 에스뚜디아 엔 엘 꼴레

153

Capítulo 02 직장에 대해서

처음 만난 사람이 학생인지 직장인인지 묻고자 할 때는 가장 쉬운 방법은 estudiar(공부하다)와 trabajar(일하다)의 동사를 활용하여 ¿Estudias o trabajas?(넌 공부하니 아니면 일하니?)라고 물어보면 됩니다. 만약 대학생이라면 Yo estudio en la universidad.(나는 대학교에서 공부해요.)라고, 직장인이라면 Yo trabajo en una compañía aerolínea.(전 항공 회사에서 일해요.)라고 대답할 수 있습니다. 만약 공부도 안 하고 일도 안 하는 상태라면, No estudio ni trabajo.(공부도 안 하고 일도 안 해요.)라고 말하면 됩니다.

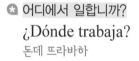 **Unidad 1** 직장에 대해 말할 때

☺ 어디에서 일합니까?
¿Dónde trabaja?
돈데 뜨라바하

☺ 어느 회사에서 일합니까?
¿En qué compañía trabaja?
엔 께 꼼빠니아 뜨라바하

> compañía 회사 empresa 기업
> 유사표현 ¿En qué empresa trabaja?

☺ 회사가 어디에 있나요?
¿Dónde está la oficina?
돈데 에스따 라 오피시나

☺ 직책이 뭐예요?
¿Cuál es su puesto?
꾸알 에스 수 뿌에스또

> puesto = cargo 직책
> ¿Cuál es su cargo?

154

✿ 어떤 업무를 합니까?

¿Qué tipo de trabajo hace?

께 띠뽀 데 뜨라바호 아세

✿ 마케팅 부서에서 일합니다.

Trabajo en el departamento de marketing.

뜨라바호 엔 엘 데빠르따멘또 데 마께띵

✿ 저는 인사과의 실장입니다.

Soy gerente del departamento de recursos humanos.

쏘이 헤렌떼 델 데빠르따멘또 데 레꾸르소스 우마노스

✿ 저는 판매를 담당하고 있습니다.

Estoy a cargo de ventas.

에스또이 아 까르고 데 벤따스

estar a cargo de ~를 담당하다
유사표현 Ocupo el cargo de
ventas.(영업직을 맡고 있어요.)

Unidad **2** 근무에 대해 말할 때

✿ 근무한 지는 얼마나 되었습니까?

¿Cuánto tiempo llevas trabajando aquí?

꾸안또 띠엠뽀 예바스 뜨라바한도 아끼

✿ 근무 시간이 어떻게 됩니까?

¿Cuál es tu horario de trabajo?

꾸알 에스 뚜 오라리오 데 뜨라바호

✿ 주 5일 근무합니다. (주중 근무를 얘기할 때)

Trabajo solo entresemana.

뜨라바호 쏠로 엔뜨레세마나

스페인에서는 주 5일 근무를
'주중 근무'라고 말한다.
entresemana 주중에, 평일에

✿ 토요일은 쉽니다.

No trabajo los sábados.

노 뜨라바호 로스 싸바도스

155

❀ 오늘 밤 야근입니다.
Esta noche trabajo horas extra.
에스따 노체 뜨라바호 오라스 엑스뜨라

❀ 오늘은 당직입니다.
Hoy tengo guardia.
오이 뗑고 구아르디아

guardia 당직
유사표현 Estoy de guardia.

Unidad 3 급여에 대해 말할 때

❀ 월급날은 언제입니까?
¿Cuándo es el día de pago(cobro)?
구안도 에스 엘 디아 데 빠고(꼬브로)

❀ 연봉은 얼마입니까?
¿Cuánto es tu sueldo anual?
꾸안또 에스 뚜 수엘도 아누알

sueldo anual 연봉
sueldo mensual 월급
유사표현 ¿Cuál es tu sueldo anual?

❀ 제 급여는 쥐꼬리만해요.
Mi sueldo es una miseria.
미 수엘도 에스 우나 미세리아

친구사이에서는 El sueldo es
una mierda.라고도 말한다.

❀ 월급이 인상되었어요.
Me han aumentado el sueldo.
메 안 아우멘따도 엘 수엘도

subir = aumentar 인상하다
유사표현 Me han subido el sueldo.

❀ 저는 매달 10일에 월급을 받아요.
Cobro el día 10 de cada mes.
꼬브로 엘 디아 디에스 데 까다 메스

❀ 월급날이 임박했어.
El día de cobro está a la vuelta de la esquina.
엘 디아 데 꼬브로 에스따 아 라 부엘따 데 라 에스끼나

Unidad 4 승진에 대해 말할 때

☪ 내년에는 승진하길 바래.
Espero que te den el ascenso el próximo año.
에스뻬로 께 떼 덴 엘 아센소 엘 쁘록시모 아뇨

☪ 넌 승진할 자격이 있어.
Te mereces el ascenso.
떼 메레세스 엘 아센소

☪ 저는 홍보팀 실장으로 승진했어요.
Me ascendieron a gerente del departamento de relaciones públicas.
메 아센디에론 아 헤렌떼 델 데빠르따멘또 데 렐라시오네스 뿌블리까스

☪ 그는 직장에 연줄이 있어.
Él tiene enchufe en el trabajo.
엘 띠에네 엔추페 엔 엘 뜨라바호

enchufe 연줄
Yo no tengo enchufe.
(난 연줄이 없어.)

☪ 이번에도 승진하지 못 했어.
Esta vez tampoco pude conseguir el ascenso.
에스따 베스 땀뽀꼬 뿌데 꼰세기르 엘 아센소

☪ 승진하기 위해서는 상사에게 아첨은 필수야.
Para poder ascender, hace falta hacerle la pelota a mi jefe.
빠라 보데르 아센데르 아세 팔따 아세르레 라 뻴로따 아 미 헤페

Unidad 5 출퇴근에 대해 말할 때

☪ 어떻게 출근해?
¿Cómo vas al trabajo?
꼬모 바스 알 뜨라바호

✿ 대개 지하철로 출근해.

Normalmente cojo el metro.

노르말멘떼 꼬호 엘 메뜨로

✿ 출근하는 데 시간이 얼마나 걸려?

¿Cuánto tiempo se tarda en llegar al trabajo?

꾸안또 띠엠뽀 세 따르다 엔 예가르 알 뜨라바호

✿ 몇 시에 퇴근해?

¿A qué hora sales del trabajo?

아 께 오라 살레스 델 뜨라바호

✿ 정시 퇴근 해.

Salgo en punto del trabajo.

살고 엔 뿐또 델 뜨라바호

> ir al trabajo 출근하다 salir del trabajo 퇴근하다 en punto 정시에

✿ 방금 퇴근했어요.

Acabo de salir del trabajo.

아까보 데 살리르 델 뜨라바호

✿ 평소에 8시 넘어서 퇴근해.

Suelo salir del trabajo después de las 8.

수엘로 살리르 델 뜨라바호 데스뿌에스 데 라스 오초

Unidad 6 휴가에 대해 말할 때

✿ 휴가는 며칠 있어요?

¿Cuántos días de vacaciones tiene?

꾸안또스 디아스 데 바까시오네스 띠에네

✿ 휴가는 언제 시작되나요?

¿Cuándo empiezan las vacaciones?

꾸안도 엠삐에산 라스 바까시오네스

✿ 저는 휴가 중입니다.

Estoy de vacaciones.

에스또이 데 바까시오네스

estar de vacaciones 휴가 중이다
irse de vacaciones 휴가 가다
유사표현 Me voy de vacaciones.
(휴가 갑니다.)

✿ 내일 휴가를 낼 수 있을까요?

¿Puedo tener el día libre mañana?

뿌에도 떼네르 엘 디아 리브레 마냐나

✿ 1년에 15일의 휴가를 가질 수 있어요.

Tengo 15 días de vacaciones al año.

뗑고 낀세 디아스 데 바가시오네스 알 아뇨

✿ 너무 바빠서 휴가를 가질 여유가 없어요.

Estoy tan ocupado(a) que no puedo cogerme vacaciones.

에스또이 딴 오꾸빠도(다) 께 노 뿌에도 꼬헤르메 바까시오네스

Unidad 7 상사에 대해 말할 때

✿ 상사는 어떤 사람입니까?

¿Cómo es tu jefe?

꼬모 에스 뚜 헤페

✿ 제 상사는 아주 깐깐합니다.

Mi jefe es muy exigente.

미 헤페 에스 무이 엑시헨떼

✿ 상사와의 사이는 어때요?

¿Cómo te llevas con tu jefe?

꼬모 떼 예바스 꼰 뚜 헤페

llevarse bien con ~와 사이가 좋다
Me llevo muy bien con mi jefe.
(상사와 사이가 아주 좋아요.)

✿ 이 분이 제 상사인 로페스 씨입니다.

Este es mi jefe, el señor López.

에스떼 에스 미 헤페 엘 세뇨르 로페스

✿ 제 상사가 새로운 프로젝트를 책임지고 있어요.

Mi jefe se encarga del nuevo proyecto.

미 헤페 세 엔까르가 델 누에보 쁘로옉또

✿ 제 상사는 출장 중이어서 제가 그의 업무를 맞고 있어요.

Mi jefe está de viaje de negocios, y por eso yo estoy a cargo de su trabajo.

미 헤페 에스따 데 비아헤 데 네고시오스 이 뽀르 에소 요 에스또이 아 까르고 데 수 뜨라바호

Unidad 8 · 사직 · 퇴직에 대해 말할 때

✿ 언제 퇴직할 거예요?

¿Cuándo te vas a jubilar?

꾸안도 떼 바스 아 후빌라르

✿ 65세에 퇴직할 거예요.

Voy a jubilarme a las 65 años.

보이 아 후빌라르메 아 라스 세센따이 싱꼬 아뇨스

✿ 저 퇴직했습니다.

Estoy jubilado(a).

에스또이 후빌라도(다)

> despido (해직), jubilación (퇴직), baja volunntaria (자진 사퇴)를 하게 되면 finiquito (퇴직금)을 받게 된다. jubilarse 퇴직하다 jubilado/a 퇴직한

✿ ✿ 퇴직금이 얼마예요?

¿Cuánto dinero te van a pagar de finiquito?

꾸안또 디네로 떼 반 아 빠가르 데 피니끼또

✿ 그는 해고당했어요.

Lo despidieron.

로 데스삐디에론

> despedir 해고하다
> despedido/a 해고된
> 유사표현 Él fue despedido.

160

✿ 저는 현재 실업자입니다.

Soy parado(a). / Estoy en el paro.

쏘이 빠라도(다) / 에스또이 엔 엘 빠로

✿ 저는 해고됐어요.

Me despidieron.

메 데스삐디에론

✿ 일이 저랑 맞지 않아요.

No encajo en este tipo de trabajo.

노 엔까호 엔 에스떼 띠뽀 데 뜨라바호

■ 몬세라트 수도원

■ 라 사그라다 파밀리아 대성당

■ 카사바트요

■ 구엘 공원

Capítulo 03 학교에 대해서

스페인은 6년 과정인 초등교육(Educación Primaria)과 4년 과정의 중등교육과정인 E.S.O(Educación Secundaria Obligatoria)가 의무교육과정입니다. 2년 과정의 바치예라또 (Bachillerato)는 인문계 고등학교 과정입니다. 대학은 4년제 학사 졸업 과정을 Grado(그라도)라고 말합니다. 스페인에서는 초등학교를 colegio, 중·고등학교는 instituto라고 부릅니다.

Unidad ❶ 출신학교에 대해 말할 때

❀ 어느 고등학교에 다닙니까?
¿A qué instituto vas?
아 께 인스띠뚜또 바스

❀ 어느 대학교에 다닙니까?
¿En qué universidad estudias?
엔 께 우니베르시닫 에스뚜디아스

❀ 저는 대학생입니다.
Estudio en la universidad.
에스뚜디오 엔 라 우니베르시닫

❀ 대학교를 졸업했나요?
¿Te graduaste de la universidad?
떼 그라두아스떼 데 라 우니베르시닫

> graduarse 졸업하다
> universidad 대학교
> 유사표현 ¿Estás graduado?

❀ 대학교를 갓 졸업했어요.
Acabo de terminar la carrera de la universidad.
아까보 데 떼르미나르 라 까레라 데 라 우니베르시닫

> acabar de 금방 ~하다
> 유사표현 Acabo de graduarme de la universidad.

✿ 작년에 졸업했어요.

El año pasado me gradué.

엘 아뇨 빠사도 메 그라두에

✿ 졸업한 지 오래 되었어요.

Hace mucho tiempo que me gradué.

아세 무초 띠엠뽀 께 메 그라두에

✿ 대학을 중퇴했어요.

Dejé la carrera.

데헤 라 까레라

> dejar 그만두다
> 유사표현 Dejé la universidad.

✿ 콤플레텐세 대학을 나왔어요.

Me gradué de la Universidad Complutense.

메 그라두에 데 라 우니베르시닫 꼼쁠레뗀세

> 유사표현 Estoy graduado/a.
> (저 졸업했어요.)

✿ 아우토노마 대학에서 석사를 했어요.

Hice el Máster en la Universidad de Autónoma.

이세 엘 마스떼르 엔 라 우니베르시닫 데 아우또노마

Unidad 2 학년에 대해 말할 때

✿ 몇 학년이세요?

¿En qué año estás?

엔 께 아뇨 에스따스

✿ 3학년입니다.

Estoy en (el) tercer año.

에스또이 엔 (엘) 떼르세르 아뇨

> tercer año 3학년 primer año 1학년
> Estoy en el primer año.
> (1학년입니다.)

✿ 2학기입니다.

Estoy en el segundo semestre.

에스또이 엔 엘 세군도 세메스뜨레

✿ 2년 선배군요.

Vas dos años más adelantado que yo.

바스 도스 아뇨스 마스 아델란따도 께 요

Unidad 3 전공에 대해 말할 때

✿ 전공이 뭐예요?

¿Cuál es su carrera?

꾸알 에스 수 까레라

carrera = especialidad 전공
유사표현 ¿Cuál es su especialidad?

✿ 제 전공은 경영학입니다.

Mi carrera es Administración de Empresas.

미 까레라 에스 아드미니스뜨라시온 데 엠쁘레사스

경영학을 Empresariales
라고도 말한다.

✿ 법학을 전공했어요.

Estudié Derecho.

에스뚜디에 데레초

Unidad 4 학교생활에 대해 말할 때

✿ 다음 학기 수강 신청했어요.

Me he matriculado para el próximo año.

메 에 마뜨리꿀라도 빠라 엘 쁘록시모 아뇨

✿ 이번 학기에는 몇 과목 듣니?

¿Cuántas asignaturas tienes este semestre?

꾸안따스 아시그나뚜라스 띠에네스 에스떼 세메스뜨레

✿ 내일 발표가 있어.

Mañana tengo una presentación en clase.

마냐나 뗑고 우나 쁘레센따시온 엔 끌라세

✿ 다음 주까지 레포트 제출해야 해.

Tengo de plazo para entregar el informe la próxima semana.

뗑고 데 쁠라소 빠라 엔뜨레가르 엘 인포르메 라 쁘록시마 세마나

✿ 장학금을 받고 공부했어요.

Estudié con becas.

에스뚜디에 꼰 베까스

✿ 복수전공을 했어요.

Hice doble grado.

이세 도블레 그라도

> Hice doble licenciatura.
> 라고 말해도 된다.
> doble grado 이중전공

✿ 졸업이 한 학기 남았어.

Falta solo un semestre para terminar la carrera.

팔따 쏠로 운 세메스뜨레 빠라 떼르미나르 라 까레라

✿ 휴학했어요.

Solicité un descanso de la carrara.

솔리시떼 운 데스깐소 데 라 까레라

> Estoy descansando un año de mi
> carrera.(1년 휴학 중입니다.)

✿ 졸업하려면 총 36학점을 이수해야 해.

Tengo que cogerme 36 créditos para graduarme.

뗑고 께 꼬헤르메 뜨레인따 이 세이스 끄레디또스 빠라 그라두아르메

✿ 내가 제일 좋아하는 과목은 심리학이야.

Mi asignatura favorita es Psicología.

미 아시그나뚜라 파보리따 에스 시꼴로히아

✿ 다음 학기에 한 회사에서 인턴할 거야.

El próximo semestre voy a hacer la práctica en una empresa.

엘 쁘록시모 세메스뜨레 보이 아 아세르 라 쁘락띠까 엔 우나 엠쁘레사

✿ 졸업하고 뭘 해야 할지 모르겠어.

No sé qué hacer después de acabar mis estudios.

노 세 께 아세르 데스뿌에스 데 아까바르 미스 에스뚜디오스

✿ 스펙을 쌓아야 해.

Necesito tener más titulaciones y diplomas.

네세시또 떼네르 마스 띠뚤라시오네스 이 디쁠로마스

✿ 시험에서 실수를 많이 했어.

Cometí muchos errores en el examen.

꼬메띠 무초스 에로레스 엔 엘 엑사멘

✿ 영어 시험에서 낙제했어.

Suspendí el examen de inglés.

수스뻰디 엘 엑사멘 데 잉글레스

> Suspendí el curso de inglés.라고 말해도 된다. suspender 낙제하다 aprobar 통과하다

✿ 시험에서 성적이 좋았어.

Saqué buenas notas en el examen.

사께 부에나스 노따스 엔 엘 엑사멘

✿ 시험에 통과했어요.

Aprobé el examen.

아쁘로베 엘 엑사멘

> Me salió fatal el examen.(시험 망쳤어.)라는 표현도 기억해 두자.

✿ 기말 시험에서 좋은 성적을 받아야 해.

Tengo que sacar buenas notas en el examen final.

뗑고 께 사까르 부에나스 노따스 엔 엘 엑사멘 피날

✿ 지난 학기보다 수학 성적이 더 좋아.

Tengo mejores notas en matemáticas que el semestre pasado.

뗑고 메호레스 노따스 엔 마떼마띠까스 께 엘 세메스뜨레 빠사도

✿ 학과에서 최고의 성적을 얻었어.

Conseguí las mejores notas de la facultad.

꼰세기 라스 메호레스 노따스 데 라 파꿀딷

Capítulo 04 연애와 결혼에 대해서

사귀지 않는 남자 친구는 amigo, 여자 친구는 amiga라고 말합니다. 연인 사이가 되어 사귀는 남자 친구는 novio, 여자 친구는 novia라고 합니다. 남자 친구가 있는지 물어보려면, ¿Tienes novio?(남자 친구 있어요?)라고 물어보면 됩니다. 결혼을 해서 남편이 되면 marido, 아내는 mujer라고 말합니다. 결혼을 했는지 물어볼 때는 ¿Estás casado(a)?(결혼했어요?)라고 합니다.

Unidad 1 연애 타입에 대해 말할 때

❂ 사귀는 사람 있어요?
¿Estás saliendo con alguien?
에스따스 살리엔도 꼰 알기엔

> salir con ~와 사귀다, 데이트하다
> ¿Tienes novio?(남자친구 있어요?)
> ¿Tienes novia?(여자친구 있어요?)

❂ 여자 좀 소개시켜 줄래요?
¿Me puedes presentar a una chica?
메 뿌에데스 쁘레센따르 아 우나 치까

❂ 어떤 타입의 남자를 좋아하세요?
¿Qué tipo de hombre te gusta?
께 띠뽀 데 옴브레 떼 구스따

❂ 그는 내 이상형이에요.
Él es mi hombre ideal.
엘 에스 미 옴브레 이데알

> hombre ideal 이상형 남자
> Ella es mi mujer ideal.
> (그녀는 내 이상형이에요.)

❂ 그녀는 제 타입이 아니에요.
Ella no es mi tipo.
에야 노 에스 미 띠뽀

✿ 외모는 상관없어요.

No me importa el aspecto físico.

노 메 임뽀르따 엘 아스뻭또 피시꼬

No me importa. (중요하지 않아요.)
Me importa. (중요해요.)
No me importa la edad.
(나이는 중요하지 않아요.)

✿ 성격이 아주 중요해요.

Me importa mucho el carácter.

메 임뽀르따 무초 엘 까락떼르

Unidad **2** 데이트에 대해 말할 때

✿ 저와 데이트 하시겠어요?

¿Quieres salir conmigo?

끼에레스 살리르 꼰미고

✿ 당신과 사귀고 싶어요.

Quiero salir contigo.

끼에로 살리르 꼰띠고

✿ 당신이 마음에 들어요. (좋아해요)

Me gustas.

메 구스따스

특히 외모가 끌릴 때는 Me atraes.
(네가 끌려, 좋아)라고 말하면 된다.

✿ 제 여자친구 하실래요?

¿Quieres ser mi novia?

끼에레스 세르 미 노비아

¿Quieres ser mi novio?
(제 남자친구 할래요?)

✿ 사랑하고 있어요. (반했어요)

Estoy enamorado(a) de ti.

에스또이 에나모라도(다) 데 띠

✿ 당신을 미칠 정도로 좋아합니다.

Estoy loco(a) por ti.

에스또이 로꼬(까) 뽀르 띠

Unidad 3 청혼과 약혼에 대해 말할 때

⚙ 저와 결혼해 줄래요?

¿Quieres casarte conmigo?

끼에레스 까사르떼 꼰미고

⚙ 내 아내가 되어 줄래요?

¿Quieres ser mi esposa?

끼에레스 세르 미 에스뽀사

⚙ 페드로가 청혼했어.

Pedro me propuso que me casara con él.

뻬드로 메 쁘로뿌소 께 메 까사라 꼰 엘

> Pedro me propuso matrimonio.
> 라고 말해도 된다.
> proponer matrimonio 청혼하다
> propuesta de matrimonio 청혼

⚙ 난 그의 청혼을 받아들였어.

Acepté su propuesta de matrimonio.

악셉떼 수 쁘로뿌에스따 데 마뜨리모니오

⚙ 크리스마스에 청혼할 거야.

En Navidades, voy a proponerle que se case conmigo.

엔 나비다데스 보이 아 쁘로뽀네르레 께 세 까세 꼰미고

⚙ 우리 약혼했어요. 그녀는 제 약혼녀입니다.

Prometimos casarnos. Ella es mi prometida.

쁘로메띠모스 까사르노스 에야 에스 미 쁘로메띠다

> prometido/a 약혼자, 스페인
> 에서는 결혼과 상관없이 주로
> novio/a로 소개한다.

Unidad 4 결혼에 대해 말할 때

⚙ 결혼했어요?

¿Estás casado(a)?

에스따스 까사도(사)

☆ 언제 결혼할 생각인가요?

¿Cuándo piensas casarte?

꾸안도 삐안사스 까사르떼

☆ 결혼한 지는 얼마나 되었나요?

¿Cuánto tiempo llevas casado(a)?

꾸안또 띠엠뽀 예바스 까사도(다)

☆ 우리는 신혼부부예요.

Somos recién casados.

쏘모스 레시엔 까사도스

☆ 신혼여행은 어디로 가나요?

¿Dónde vas de luna de miel?

돈데 바스 데 루나 데 미엘

> 스페인어로 honeymoon (허니문)을 luna de miel이라고 한다. ir de luna de miel 신혼여행 가다

☆ 칸쿤으로 신혼여행 가요.

Vamos a Cancún de luna de miel.

바모스 아 깐꾼 데 루나 데 미엘

☆ 결혼해서 아이가 둘이에요.

Estoy casado(a) y tengo dos niños.

에스또이 까사도(다) 이 뗑고 도스 니뇨스

> Soy mamá de dos niños.
> (애가 둘인 엄마입니다.)

Unidad 5 별거와 이혼에 대해 말할 때

☆ 별거 중이에요.

Estoy separado(a).

에스또이 세빠라도(다)

☆ 이혼했어요.

Estoy divorciado(a).

에스또이 디보르시아도(다)

> divorciado/a 이혼한
> divorciarse 이혼하다
> 유사표현 Me divorcié.

✪ 우리 결혼 생활은 지루해요.

Nuestro matrimonio es muy aburrido.

누에스뜨로 마뜨리모니오 에스 무이 아부리도

✪ 조만간 이혼할 계획이에요.

Estoy planeando divorciarme dentro de poco.

에스또이 쁠라네안도 디보르시아르메 덴뜨로 데 뽀꼬

✪ 작년에 재혼했어요.

Volví a casarme el año pasado.

볼비 아 까사르메 엘 아뇨 빠사도

> volver a 다시 ~하다 Volví a divorciarme.(다시 이혼했어요.)

✪ 남편과 헤어졌어요.

Rompí con mi esposo.

롬삐 꼰 미 에스뽀소

> romper con ~와 헤어지다, 깨지다
> Me separé de mi esposo.라고
> 말해도 된다.

■ 세비야 황금의 탑   ■ 세고비아 알카사르

■ 세비야 스페인 광장

■ 톨레도

Capítulo 05 여가. 취미. 오락에 대해서

여가 활동이나 취미 생활은 스페인 사람들이 처음 만나서도 스스럼 없이 이야기할 수 있는 주제이기도 합니다. 스페인 사람들은 한국 사람들처럼 활동적으로 여가 생활을 즐기기보다는 바에서 수다를 떤다든지 해변에서 선탠을 하며 정적으로 여가를 즐기는 경우가 많습니다. 스페인 사람들은 여가를 혼자 보내는 것보다는 가족 또는 친구와 함께하는 것을 좋아합니다. 조용한 휴가보다는 사람들이 북적대는 가까운 해변에서 선탠을 즐기며 여름 휴가를 즐깁니다.

Unidad 1 취미에 대해 물을 때

✿ 취미가 뭐야?

¿Cuáles son tus aficiones?

꾸알레스 쏜 뚜스 아피시오네스

> afición 취미
> ¿Qué hobby tienes?

✿ 여가 시간에는 무엇을 하니?

¿Qué haces en tu tiempo libre?

께 아세스 엔 뚜 띠엠뽀 리브레

✿ 기분 전환을 위해 뭘 하니?

¿Qué sueles hacer para distraerte?

께 수엘레스 아세르 빠라 디스프라에르떼

✿ 네가 제일 좋아하는 여가 생활이 뭐야?

¿Cuál es tu pasatiempo favorito?

꾸알 에스 뚜 빠사띠엠뽀 파보리또

> pasatiempo 여가생활, 취미
> ¿Tienes algún hobby en particular?(특별한 취미 있어요?)

✿ 주말에는 보통 뭐하니?

¿Qué haces normalmente los fines de semana?

께 아세스 노르말멘떼 로스 피네스 데 세마나

172

☺ 일 끝나고 뭐하니?

¿Qué sueles hacer después del trabajo?

께 수엘레스 아세르 데스뿌에스 델 뜨라바호

Unidad 2 취미에 대해 대답할 때

☺ 취미가 많아요.

Tengo muchas aficiones.

뗑고 무차스 아피시오네스

☺ 특별한 취미가 없어요.

No tengo ninguna afición en particular.

노 뗑고 닌구나 아피시온 엔 빠르띠꿀라르

☺ 그런 일에는 관심이 없어요.

No tengo interés en esas cosas.

노 뗑고 인떼레스 엔 에사스 꼬사스

> interés 관심
> 유사표현 No me interesan esas cosas.

☺ 저는 나가는 걸 좋아하지 않아요.

No me gusta salir.

노 메 구스따 살리르

☺ 제 취미는 음악감상입니다.

Mi afición es escuchar música.

미 아피시온 에스 에스꾸차르 무시까

☺ 전 스페인 영화 애호가입니다.

Soy fan del cine español.

쏘이 판 델 시네 에스빠뇰

> fan 팬, 광
> Soy aficionado al cine español.

☺ 전 아무 것에도 흥미가 없어요.

No tengo interés por nada.

노 뗑고 인떼레스 뽀르 나다

> No estoy interesado(a) en nada.
> 라고 말해도 된다.

✿ 우리는 똑같은 취미를 갖고 있어요.
Tenemos la misma afición.
떼네모스 라 미스마 아피시온

mismo/a 똑같은
유사표현 Tengo la misma
afición que tú.(당신과 똑같은
취미를 갖고 있어요.)

Unidad 3 오락에 대해 말할 때

✿ 이 호텔에는 카지노가 있습니까?
¿Hay algún casino en este hotel?
아이 알군 까시노 엔 에스떼 오뗄

✿ 갬블을 하고 싶습니다.
Quiero jugar en el casino.
끼에로 후가르 엔 엘 까시노

jugar 놀다, 게임하다
Quiero apostar el dinero.

✿ 쉬운 게임이 있습니까?
¿Hay algunos juegos fáciles?
아이 알구노스 후에고스 파실레스

✿ 좋은 카지노를 소개해 주시겠어요?
¿Me puede recomendar algún casino bueno?
메 뿌에데 레꼬멘다르 알군 까시노 부에노

✿ 이 카지노는 아무나 들어갈 수 있습니까?
¿Cualquier persona puede entrar en este casino?
꾸알끼에르 뻬르소나 뿌에데 엔뜨라르 엔 에스떼 까시노

✿ 카지노는 몇 시부터 시작합니까?
¿A qué hora abre el casino?
아 께 오라 아브레 엘 까시노

✿ 칩은 어디에서 바꿉니까?
¿Dónde puedo cambiar las fichas?
돈데 뿌에도 깜비아르 라스 피차스

✿ 칩 200달러 부탁합니다.

Las fichas de 200 dólares, por favor.

라스 피차스 데 도스시엔또스 돌라레스 뽀르 파보르

ficha 칩 dólar 달러 Deme las
fichas de 200 dólares, por favor.
(200달러 칩을 주세요.)

✿ 칩을 현금으로 바꿔 주세요.

Cámbieme las fichas en efectivo, por favor.

깜비에메 라스 피차스 엔 에펙티보 뽀르 파보르

✿ 현금으로 주세요.

En efectivo, por favor.

엔 에펙띠보 뽀르 파보르

✿ 이겼다!

¡Hostia que he ganado!

오스띠아 께 에 가나도

¡He ganado! 라고만 말해도 된다.
ganar 이기다

Unidad 4 유흥을 즐길 때

✿ 근처에 클럽이 있나요?

¿Hay alguna discoteca cerca?

아이 알구나 디스꼬떼까 세르까

스페인에서는 연령에 상관없이
클럽을 club 또는 discoteca라고
부른다.

✿ 어떤 쇼예요?

¿Qué tipo de espectáculo es?

께 띠뽀 데 에스뻭따꿀로 에스

✿ 플라멩코 쇼를 보고 싶어요.

Quiero ver un espectáculo de flamenco.

끼에로 베르 운 에스뻭따꿀로 데 플라멩꼬

• 플라멩코 거리 공연

✿ 클럽에 가지 않을래요?

¿Por qué no vamos a la discoteca?

뽀르 께 노 바모스 아 라 디스꼬떼까

🌸 클럽 입장료가 얼마예요?

¿Cuánto es la entrada de la discoteca?

꾸안또 에스 라 엔뜨라다 데 라 디스꼬떼까

🌸 이 클럽은 유명합니까?

¿Esta discoteca es famosa?

에스따 디스꼬떼까 에스 파모사

🌸 저랑 춤 추실래요?

¿Quieres bailar conmigo?

끼에레스 바일라르 꼰미고

스페인에서 술을 마실 수 있는 바 (bar)나 펍 (pub)은 garito, bareto, pafeto 등으로 부른다.

🌸 펍에 가서 한잔 하자.

Vamos a un pub y nos tomamos una copa.

바모스 아 운 뿝 이 노스 또마모스 우나 꼬빠

Unidad 5 여행에 대해 말할 때

🌸 전 여행을 좋아해요.

Me gusta viajar.

메 구스따 비아하르

🌸 제 취미는 여행입니다.

Mi hobby es viajar.

미 호비 에스 비아하르

hobby는 '호비'로 발음한다.
viajar 여행하다

🌸 전 여행하지 않고는 살 수 없어요.

No puedo vivir sin viajar.

노 뿌에도 비비르 신 비아하르

🌸 언젠가 세계일주를 하고 싶어요.

Algún día me gustaría viajar por todo el mundo.

알군 디아 메 구스따리아 비아하르 뽀르 또도 엘 문도

Capítulo 06 문화생활에 대해서

상대방이 좋아하는 것에 대해 묻고 자신이 좋아하는 것에 대해 말하기 위해서는 바로 영어의 like에 해당하는 gustar동사를 써서 말해야 합니다. ¿Te gusta la música?(넌 음악을 좋아하니?)라고 묻는다면, Me gusta mucho la música.(나는 음악을 아주 좋아해.)라고 표현할 수 있습니다. 만약 어떤 종류의 음악을 좋아하는지 알고 싶다면, ¿Qué tipo de música te gusta?(어떤 종류의 음악을 좋아해?)라고 물어 보세요.

| Unidad | 1 | 독서에 대해 말할 때 |

❁ 어떤 책을 읽는 걸 좋아하나요?
¿Qué tipo de libros te gusta leer?
께 띠뽀 데 리브로스 떼 구스따 레에르

❁ 저는 손에 잡히는 대로 다 읽어요.
Leo todos los libros que me caen en mis manos.
레오 또도스 로스 리브로스 께 메 까엔 엔 미스 마노스

Me leo cualquier cosa.
(아무거나 읽어요.)라고
말해도 된다.

❁ 독서가 취미입니다.
Leer libros es mi afición.
레에르 리브로스 에스 미 아피시온

leer libros 책 읽기
Leer libros es mi hobby.

❁ 책 읽는 것을 좋아해요.
Me gusta leer libros.
메 구스따 레에르 리브로스

Me gusta/n (나는) ~를 좋아해요
Me gustan libros.
(책을 좋아합니다.)

❁ 서점에 자주 갑니다.
Voy a la librería a menudo.
보이 아 라 리브레리아 아 메누도

✪ 전 책벌레입니다.

Soy un ratón de biblioteca.
쏘이 운 라똔 데 비블리오떼까

✪ 제일 좋아하는 작가는 누구예요?

¿Cuál es tu autor favorito?
꾸알 에스 뚜 아우또르 파보리또

✪ 이 책은 중고책입니다.

Este libro es de segunda mano.
에르떼 리브로 에스 데 세군다 마노

■ 스페인 체인 서점, 카사 델 리브로

✪ 뭐에 관한 건가요?

¿De qué trata?
데 께 뜨라따

✪ 베스트셀러책입니다.

Este libro es un éxito de ventas.
에스떼 리브로 에스 운 엑시또 데 벤따스

✪ 요즘 좋은 책 읽을 게 있나요?

¿Hay algún libro bueno últimamente?
아이 알군 리브로 부에노 울띠마멘떼

✪ 수필보다 소설을 더 좋아해요.

Prefiero la novela que el ensayo.
쁘레피에로 라 노벨라 께 엘 엔사요

✪ 책 제목이 뭐예요?

¿Cómo se titula el libro?
꼬모 세 띠뚤라 엘 리브로

✪ 신간입니다.

Es un libro recién salido.
에스 운 리브로 레시엔 살리도

Unidad 2 신문과 잡지에 대해 말할 때

☀ 어떤 신문을 보세요?
¿Qué tipo de periódico lees?
께 띠뽀 데 뻬리오디꼬 레에스

☀ "엘 빠이스" 신문을 구독합니다.
Leo el periódico ´El País´.
레오 엘 뻬리오디꼬 엘 빠이스

> Soy suscriptor de 'El País'
> ('엘 빠이스' 신문 구독자입니다.)

☀ 저 신문에 났어요.
He salido en el periódico.
에 살리도 엔 엘 뻬리오디꼬

> '(사건 등이) 신문에 났어'라고
> 말하고 싶다면, Ha salido en el
> periódico.라고 말하면 된다.

☀ 그 사건이 신문 1면에 났어요.
Esa noticia ha salido en la portada.
에사 노띠시아 아 살리도 엔 라 뽀르따다

☀ 전 헤드라인 뉴스만 읽어요.
Solo leo las noticias de cabecera.
쏠로 레오 라스 노띠시아스 데 까베세라

> noticias de cabecera 헤드라인 뉴스
> 유사표현 Solo leo los artículos de
> portada.(헤드라인 기사만 읽어요.)

☀ 스포츠면을 먼저 읽어요.
Leo la sección de deporte primero.
레오 라 섹시온 데 데뽀르떼 쁘리메로

☀ 어떤 잡지를 좋아하나요?
¿Qué tipo de revistas te gustan?
께 띠뽀 데 레비스따스 떼 구스딴

☀ 여성 가십 잡지를 읽는 걸 좋아합니다.
Me gusta leer las revistas del corazón.
메 구스따 레에르 레비스따스 델 꼬라손

> revista del corazón 여성 가십 잡지
> revista de moda 패션 잡지 revista
> científica 과학 잡지

✿ 텔레비전 보는 것을 좋아합니다.

Me gusta ver la tele.

메 구스따 베르 라 뗄레

✿ 어떤 프로그램을 좋아해요?

¿Qué tipo de programa te gusta?

께 띠뽀 데 쁘로그라마 떼 구스따

✿ 드라마를 좋아해요.

Me gustan las telenovelas.

메 구스딴 라스 뗄레노벨라스

> telenovela = serie 드라마
> 유사표현 Me gustan las series.

✿ 리얼러티 쇼는 내가 가장 좋아하는 프로그램입니다.

El Reality Show es mi programa favorito.

엘 레알리띠 쇼 에스 미 쁘로그라마 파보리또

✿ 언제 방송되죠?

¿Cuándo lo van a emitir?

꾸안도 로 반 아 에미띠르

> emitir 방송하다
> 유사표현 ¿Cuándo se va a poner?
> ¿Cuándo va a salir?

✿ 이번 주 토요일에 재방송됩니다.

Este sábado lo van a retransmitir.

에스떼 싸바도 로 반 아 레뜨란스미띠르

> retransmitir 재방송하다
> 유사표현 Este sábado se va a retransmitir.

✿ 매일 뉴스를 봐요.

Veo las noticias todos los días.

베오 라스 노띠시아스 또도스 로스 디아스

✿ TV를 보면서 많은 시간을 보내.

Paso mucho tiempo viendo la tele.

빠소 무초 띠엠뽀 비엔도 라 뗄레

🌸 난 TV 중독이야.
Soy adicto(a) a la tele.
쏘이 아딕또(따) 아 라 뗄레

> adicto 중독된
> 유사표현 Estoy enganchado a la tele.

Unidad 4 음악에 대해 말할 때

🌸 어떤 음악을 좋아해요?
¿Qué tipo de música te gusta?
께 띠뽀 데 무시까 떼 구스따

🌸 취미는 음악감상입니다.
Mi hobby es escuchar música.
미 호비 에스 에스꾸차르 무시까

> escuchar 듣다 música 음악
> 유사표현 Mi afición es escuchar música.

🌸 음악 듣는 것을 많이 즐깁니다.
Disfruto mucho escuchando música.
디스프루또 무초 에스꾸찬도 무시까

🌸 좋아하는 가수는 누구예요?
¿Cuál es tu cantante favorito?
꾸알 에스 뚜 깐딴떼 파보리또

🌸 David Bisbal의 CD는 다 갖고 있어요.
Tengo todos los discos de David Bisbal.
뗑고 또도스 로스 디스꼬스 데 다빈 비스발

🌸 모든 종류의 음악을 좋아합니다.
Me gusta todo tipo de música.
메 구스따 또도 띠뽀 데 무시까

> todo 모든 tipo 종류
> 유사표현 Me gustan todos.
> (다 좋아요.)

🌸 클래식을 주로 들어요.
Escucho música clásica a menudo.
에스꾸초 무시까 끌라시까 아 메누도

✿ 데이비드 비스발의 팬입니다.

Soy fan de David Bisbal.

쏘이 판 데 다빋 비스발

✿ 이 음악은 제 취향이 아닙니다.

Esta música no es mi gusto.

에스따 무시까 노 에스 미 구스또

gusto 취향 estilo 스타일
유사표현 Esta música no es de mi estilo.

✿ 어떤 악기를 연주하세요?

¿Qué instrumento de música tocas?

께 인스뜨루멘또 데 무시까 또까스

✿ 바이올린을 조금 연주합니다.

Toco un poco el violín.

또꼬 운 뽀고 엘 비올린

tocar 연주하다 violín 바이올린
Toco muy bien el violín.
(바이올린을 아주 잘 칩니다.)

✿ 노래를 잘 못합니다.

Se me da muy mal cantar.

세 메 다 무이 말 깐따르

Se me da muy mal ~를 잘 못해요

✿ 노래방에 자주 가요.

Voy al Karaoke a menudo.

보이 알 까라오께 아 메누도

| Unidad | 5 | 그림에 대해 말할 때 |

✿ 그림 그리기를 좋아합니다.

Me gusta dibujar.

메 구스따 디부하르

dibujar 그림 그리다
pintar 색칠하다 Me gusta pintar.

✿ 미술 작품 감상을 좋아합니다.

Me gusta ver las obras de arte.

메 구스따 베르 라스 오브라스 데 아르떼

✪ 수채화를 좋아합니다.
Me gustan las pinturas a la acuarela.
메 구스딴 라스 삔뚜라스 아 라 아꾸아렐라

pintura = cuadro 그림
Me gustan los cuadros al óleo.
(유화를 좋아합니다.)

✪ 그건 누구 작품입니까?
¿De quién es esta obra?
데 끼엔 에스 에스따 오브라

✪ 미술관에 자주 가요.
Voy a menudo al museo.
보이 아 메누도 알 무세오

✪ 좋아하는 화가는 누구예요?
¿Quién es tu pintor favorito?
끼엔 에스 뚜 삔또르 파보리또

✪ 그림을 잘 그립니까?
¿Se te da bien dibujar?
세 떼 다 비엔 디부하르

¿Se te da bien~? ~을 잘 해요?
Se me da bien ~를 잘 해요.
Se me da bastante bien~
~를 잘하는 편입니다

✪ 잘 그리는 편입니다.
Se me da bastante bien dibujar.
세 메 다 바스딴떼 비엔 디부하르

✪ 미술품 수집하는 것을 좋아합니다.
Me gusta coleccionar obras de arte.
메 구스따 꼴렉시오나르 오브라스 데 아르떼

✪ 그림이 정말 아름답군요!
¡Qué pintura tan preciosa!
께 삔뚜라 딴 쁘레시오사

pintura 그림 preciosa 아름다운
유사표현 La pintura es preciosa.
(그림이 아름다워요.)

183

🌸 어떤 영화를 좋아해요?

¿Qué tipo de películas te gustan?

께 띠뽀 데 뻴리꿀라스 떼 구스딴

🌸 영화 보는 것을 좋아합니다.

Me gusta ver películas.

메 구스따 베르 뻴리꿀라스

🌸 저는 영화 애호가입니다.

Soy aficionado(a) al cine.

쏘이 아피시오나도(다) 알 시네

> aficionado 애호가, 팬 cine 영화
> Soy fanático del cine.
> (영화광입니다.)

🌸 스릴러를 아주 좋아합니다.

Me encantan los thrillers.

메 엔깐딴 로스 스릴러스

> Me encanta/n ~를 정말 많이 좋아
> 합니다. Me gusta/n의 최상급 표현

🌸 가장 좋아하는 배우는 누구인가요?

¿Cuál es tu actor favorito?

꾸알 에스 뚜 악또르 파보리또

🌸 영화관에 주말마다 갑니다.

Voy al cine los fines de semana.

보이 알 시네 로스 피네스 데 세마나

🌸 요즘 극장에서 무슨 영화를 상영하나요?

¿Qué películas se están poniendo últimamente?

께 뻴리꿀라스 세 에스딴 뽀니엔도 울띠마멘떼

🌸 알모도바르 영화가 개봉되었어요.

La película de Almódovar se estrenó.

라 뻴리꿀라 데 알모도바르 세 에스뜨레노

Capítulo 07 건강에 대해서

스페인에서는 건강을 위한 식이요법(dieta)에 관심이 많지만 한국처럼 다이어트에 집착하지는 않습니다. 마른 몸매보다는 건강하고 볼륨있는 몸매를 좋아합니다. '다이어트 중이니?'라고 묻고 싶다면, ¿Estás a dieta?, '다이어트 중이야'라고 말하려면, Estoy a dieta.라고 표현하면 됩니다. 체중 감량에 성공했을 때는 Perdí el peso.(몸무게가 줄었어요.)라고 말하면 됩니다.

Unidad 1 건강에 대해 말할 때

☺ 요즘 운동 많이 하나요?

¿Haces mucho ejercicio estos días?

아세스 무초 에헤르시시오 에스또스 디아스

☺ 건강 관리를 위해 무엇을 하나요?

¿Qué haces para cuidar de tu salud?

께 아세스 빠라 꾸이다르 데 뚜 살룻

☺ 저는 건강 상태가 아주 좋아요.

Estoy estupendamente de salud.

에스또이 에스뚜뻰다멘떼 데 살룻

☺ 몸무게를 줄여야 해요.

Tengo que bajar de peso.

뗑고 께 바하르 데 뻬소

> bajar de peso 몸무게를 줄이다
> adelgazar 살 빼다
> Quiero adelgazar cinco kilos.
> (5kg을 빼고 싶어요.)

☺ 다이어트 중입니다.

Estoy a dieta.

에스또이 아 디에따

> dieta = régimen
> 식이요법, 다이어트
> 유사표현 Estoy a régimen.

✿ 최근에 살이 좀 빠졌어요.
He perdido un poco de peso últimamente.
에 뻬르디도 운 뽀꼬 데 뻬소 울띠마멘떼

✿ 건강 상태가 별로 좋지 않아요.
No estoy muy bien de salud.
노 에스또이 무이 비엔 데 살룯

✿ 요즘 잠을 잘 못 자요.
Estos días me cuesta mucho dormir.
에스또스 디아스 메 꾸에스따 무초 도르미르

Me cuesta ~하기 힘들어
Me cuesta respirar.
(숨쉬기가 힘들어요.)

✿ 불면증이 있어요.
Tengo insomnio.
뗑고 인솜니오

insomnio 불면증 diarrea 설사
Tengo ~(어떠한) 증상이 있어요
Tengo diarrea.(설사해요.)

✿ 제 건강이 염려됩니다.
Estoy preocupado(a) por mi salud.
에스또이 쁘레오꾸빠도(다) 뽀르 미 살룯

✿ 헬스클럽에 다녀야겠어요.
Necesito ir al gimnasio.
네세시또 이르 알 힘나시오

✿ 전 건강 염려증이 있어요.
Soy hipocondríaco(a).
쏘이 이뽀꼰드리아꼬(까)

✿ 1년에 한 번 건강검진을 받아요.
Me hago una revisión general una vez al año.
메 아고 우나 레비시온 헤네랄 우나 베스 알 아뇨

✿ 고혈압이 있어요.
Tengo la tensión alta.
뗑고 라 뗀시온 알따

✿ 변비가 있어요.

Tengo estreñimiento.

떼고 에스뜨레니미엔또

| Unidad | **2** | 컨디션을 물을 때 |

✿ 컨디션은 어때?

¿Cómo te encuentras?

꼬모 떼 엔꾸엔뜨라스

> encontrarse (컨디션이) ~하다,
> ¿Cómo se encuentra?
> (몸은 어떠세요?)
> - 의사가 환자에게 물을 때

✿ 지금 기분은 어때?

¿Cómo te sientes ahora?

꼬모 떼 시엔떼스 아오라

✿ 너무 창백해 보인다! 괜찮아?

¡Qué pálido(a) estás! ¿Te encuentras bien?

께 빨리도(다) 에스따스 떼 엔꾸엔뜨라스 비엔

> palido/a 창백한 Estás muy
> palido/a.(너 너무 창백해.)

✿ 잠시 앉아서 쉬는 게 어때?

¿Por qué no te sientas y descansas un rato?

뽀르 께 노 떼 시엔따스 이 데스깐사스 운 라또

✿ 약은 먹었니?

¿Te has tomado alguna medicina?

떼 아스 또마도 알구나 메디시나

✿ 안색이 안 좋아 보여. 무슨 일이야?

Tienes mala cara. ¿Qué te pasa?

띠에네스 말라 까라 께 떼 빠사

✿ 기분은 좀 좋아졌니?

¿Te sientes mejor?

떼 시엔떼스 메호르

■ 바르셀로나 약국

187

Capítulo 08 스포츠와 레저에 대해서

스페인에서 축구는 국민의 최대 관심사이자 스페인 사람들이 가장 즐겨 하는 국민 스포츠라고 할 수 있습니다. 축구 뿐만 아니라 사이클, 태권도, 테니스, 승마 등의 다양한 스포츠와 레저를 즐기는 인구가 늘어나고 있습니다. 스페인의 북부 지역의 피레네 산맥에서는 겨울에도 눈이 오기 때문에 겨울 스포츠인 스키를 즐길 수 있습니다.

Unidad 1 스포츠에 대해 말할 때

☘ 좋아하는 스포츠가 뭐예요?
¿Cuál es tu deporte preferido?
꾸알 에스 뚜 데뽀르떼 쁘레페리도

☘ 운동하는 걸 좋아하세요?
¿Te gusta hacer deporte?
떼 구스따 아세르 데뽀르떼

> deporte 운동
> 유사표현 ¿Te gustan los deportes?(운동 좋아하세요?)

☘ 전 스포츠 애호가입니다.
Soy un(a) fanático(a) de los deportes.
쏘이 운(나) 파나띠꼬(까) 데 로스 데뽀르떼스

☘ 운동을 잘 해요?
¿Eres bueno(a) haciendo deporte?
에레스 부에노(나) 아시엔도 데뽀르떼

☘ 전 스포츠를 아주 잘하는 사람입니다.
Soy muy deportista.
쏘이 무이 데뽀르띠스따

✿ 스포츠는 다 잘해요.

Se me dan bien todos los deportes.

세 메 단 비엔 또도스 로스 데뽀르떼스

✿ 전 스포츠에 관심이 없어요.

No me interesan los deportes.

노 메 인떼레산 로스 데뽀르떼스

> Me interesa/n.(관심 있어요.)
> No me interesa/n nada.
> (전혀 관심 없어요.)

✿ 제가 가장 좋아하는 스포츠는 농구입니다.

Mi deporte favorito es el baloncesto.

미 데뽀르떼 파보리또 에스 엘 발론세스또

✿ 운동을 하는 것보다 보는 것을 더 좋아해요.

Prefiero ver los partidos que practicar deporte.

쁘레피에로 베르 로스 빠르띠도스 께 쁘락띠까르 데뽀르떼

✿ 스포츠는 정말 못해요.

Soy un(a) desastre haciendo deporte.

쏘이 운(나) 데사스뜨레 아시엔도 데뽀르떼

> desastre는 '꽝, 최악, 재앙' 등의
> 의미로 뭔가를 정말 못할 때는
> Soy un desastre.라고 말하면 된다.

✿ 전 겨울 스포츠를 좋아합니다.

Me gustan los deportes de invierno.

메 구스딴 로스 데뽀르떼스 데 인비에르노

Unidad 2 스포츠를 관전할 때

✿ 어느 팀이 이길 것 같아요?

¿Qué equipo piensas que va a ganar?

께 에끼뽀 삐엔사스 께 바 아 가나르

✿ 좋아하는 축구팀이 뭐예요?

¿Cuál es tu equipo de fútbol favorito?

꾸알 에스 뚜 에끼뽀 데 풋볼 파보리또

✿ 점수는 어떻게 됐어요?

¿Cómo va el marcador?

꼬모 바 엘 마르까도르

✿ 누가 이기고 있어요?

¿Quién va ganando?

끼엔 바 가난도

• 바르셀로나 캄노우 축구 경기장

✿ 그 경기 누가 이겼어요?

¿Quién ganó el partido?

끼엔 가노 엘 빠르띠도

✿ 시합 결과는 어떻게 되었나요?

¿Cómo quedaron en el partido?

꼬모 께다론 엔 엘 빠르띠도

유사표현 ¿Cuál fue el resulado del partido?

✿ 그 경기는 무승부로 끝났어요.

El partido terminó en empate.

엘 빠르띠도 떼르미노 엔 엠빠떼

✿ 우리 팀이 4대 1로 이겼어요.

Nuestro equipo ganó cuatro a uno.

누에스프로 에끼뽀 가노 꾸아뜨로 아 우노

✿ 우리 팀이 1대 3으로 졌어요.

Nuestro equipo perdió el partido uno a tres.

누에스프로 에끼뽀 뻬르디오 엘 빠르띠도 우노 아 뜨레스

✿ 2대 2로 비겼어요.

El partido acabó con empate a dos.

엘 빠르띠도 아까보 꼰 엠빠떼 아 도스

empate 동점, 무승부
유사표현 El partido estaba empatado a dos.

✿ 경기가 형편없어요.

El partido está pésimo.

엘 빠르띠도 에스따 뻬시모

190

✿ 경기가 막상막하였어요.

El partido estaba de tú a tú.

엘 빠르띠도 에스따바 데 뚜 아 뚜

Unidad 3 스포츠 중계를 볼 때

✿ 오늘 밤에 경기가 텔레비전으로 중계되나요?

¿Ponen el partido en la tele esta noche?

뽀넨 엘 빠르띠도 엔 라 뗄레 에스따 노체

✿ 언제 중계하나요?

¿Cuándo lo ponen en la tele?

꾸안도 로 뽀넨 엔 라 뗄레

¿Cúando lo dan en la tele?
¿Cuándo lo echan en la tele?

✿ 경기가 생방송인가요?

¿Es el partido en vivo?

에스 엘 빠르띠도 엔 비보

en vivo 생방송의
동의어 en directo

✿ 어떤 팀을 응원하고 있나요?

¿A qué equipo estás animando?

아 께 에끼뽀 에스따스 아니만도

Estoy animando al Barcelona.
(바르셀로나를 응원하고 있어요.)
Yo soy seguidor del Barcelona.
(전 바르셀로나 팬입니다.)

Unidad 4 여러 가지 경기에 대해 말할 때

✿ 전 축구를 아주 좋아합니다.

Me encanta el fútbol.

메 엔깐따 엘 풋볼

✿ 그 축구 경기 봤어요?

¿Has visto el partido de fútbol?

아스 비스또 엘 빠르띠도 데 풋볼

😊 지금 몇 회입니까? (야구 등의 구기 종목)

¿En qué turno está?

엔 께 뚜르노 에스따

😊 선수 타율이 어때요?

¿Cuál es el promedio de bateo del jugador?

꾸알 에스 엘 쁘로메디오 데 바떼오 델 후가도르

😊 골프를 좋아합니다.

Me gusta el golf.

메 구스따 엘 골프

> jugar al golf 골프치기
> jugar al tenis 테니스 치기
> jugar al billar 당구치기
> jugar a los bolos 볼링치기

😊 몇 세트를 칠까요? (테니스 경기에서)

¿Con cuántos puntos de set jugamos?

꼰 꾸안또스 뿐또스 데 셋 후가모스

😊 테니스 애호가입니다.

Soy aficionado(a) al tenis.

쏘이 아피시오나도(나) 알 떼니스

> aficionado 애호가 fanático 광
> Soy un(a) fanático(a) del tenis.
> (테니스 광입니다.)

Unidad 5 레저를 즐길 때

😊 전 수영을 잘 해요.

Se me da muy bien nadar.

세 메 다 무이 비엔 나다르

> nadar 수영하다,
> 수영을 잘 못하면, Se me da mal
> nadar.라고 말하면 된다.

😊 수영이 제가 가장 좋아하는 스포츠입니다.

La natación es el deporte que más me gusta.

라 나따시온 에스 엘 데뽀르떼 께 마스 메 구스따

😊 어떤 영법의 수영을 좋아해요?

¿Qué estilo de natación te gusta hacer?

께 에스띨로 데 나따시온 떼 구스따 아세르

✿ 전 물에서 맥주병입니다. (수영을 못해.)

Soy nulo(a) para nadar.

쏘이 눌로(라) 빠라 나다르

> nulo/a 둔한, 무능한
> 유사표현 No sé nadar.
> (전 수영을 못해요.)

✿ 저는 스키를 잘 탑니다.

Sé esquiar muy bien.

세 에스끼아르 무이 비엔

> Sé ~를 할 줄 알아요 No sé ~를
> 할 줄 몰라요 Sé nadar muy bien.
> (수영을 아주 잘 해요.)

✿ 스키는 탈 줄 모릅니다.

No sé esquiar.

노 세 에스끼아르

✿ 스키에는 전혀 관심이 없어요.

No tengo ningún interés en el esquí.

노 뗑고 닌군 인떼레스 엔 엘 에스끼

✿ 매일 아침 조깅을 합니다.

Todas las mañanas hago footing.

또다스 라스 마냐나스 아고 풋띵

■ 투우 경기 표지판

✿ 산악 자전거를 탑니다.

Monto en bici de montaña.

몬또 엔 비시 데 몬따냐

> montar en bici 자전거 타기
> 유사표현 Voy en bici de montaña.

✿ 전 스쿠버다이빙 애호가입니다.

Soy aficionado(a) al buceo.

쏘이 아피시오나도(나) 알 부세오

✿ 저는 주말마다 볼링을 치러 가요.

Voy a jugar a los bolos cada fin de semana.

보이 아 후가르 아 로스 볼로스 까다 핀 데 세마나

✿ 비즈니스 때문에 골프를 쳐요.

Juego al golf por los negocios.

후에고 알 골프 뽀르 로스 네고시오스

Capítulo 09 날씨와 계절에 대해서

날씨에 대해 물을 때는 hacer동사를 사용해서 ¿Qué tiempo hace hoy?(오늘 날씨는 어때요?)라고 물어보면 됩니다. 대답할 때도 Hace calor.(더워요), Hace frío.(추워요), Hace sol.(햇볕이 쨍쨍합니다), Hace viento.(바람이 불어요), Hace fresco.(선선해요)처럼 hace동사 다음에 명사 또는 형용사를 넣어서 응용할 수 있습니다. 오늘의 날씨가 너무 좋을 때는 상대에게 ¡Qué buen tiempo hace! ¿no?(오늘 날씨 참 좋지 않니?)라고 표현해 보세요.

Unidad	**1**	날씨를 물을 때

❁ 오늘 날씨 어때요?

¿Qué tiempo hace hoy?
께 띠엠뽀 아세 오이

❁ 그곳 날씨는 어때요?

¿Qué tiempo hace allí?
께 띠엠뽀 아세 아이

■ 스페인의 여름

❁ 날씨가 참 좋아요, 그렇죠?

Hace muy buen tiempo, ¿no?
아세 무이 부엔 띠엠뽀 노

❁ 오늘 기온은 몇 도예요?

¿A cuántos grados estamos?
아 꾸안또스 그라도스 에스따모스

> grado 도 temperatura 기온
> 유사표현 ¿Cuál es la temperatura de hoy?

❁ 이런 날씨(기후)를 좋아해요?

¿Te gusta este tipo de clima?
떼 구스따 에스떼 띠뽀 데 끌리마

Unidad 2 날씨를 말할 때

✿ 오늘은 날씨가 참 좋아요.
Hace muy buen día.
아세 무이 부엔 디아

✿ 햇볕이 좋아요.
Está soleado.
에스따 솔레아도

> soleado 햇볕이 쨍쨍한
> 유사표현 Hace un día muy soleado.

✿ 날씨가 맑아요.
Hace un día muy claro.
아세 운 디아 무이 끌라로

✿ 하늘이 흐려요.
El cielo está nublado.
엘 시엘로 에스따 누블라도

> nube 구름 nublado 흐린
> 유사표현 Hay nubes.
> (구름이 있어.)

✿ 날이 개었어요.
El cielo está despejado.
엘 시엘로 에스따 데스뻬하도

✿ 시원해요.
Hace fresco.
아세 프레스꼬

✿ 습해요.
Es húmedo.
에스 우메도

> húmedo 습한 seco 건조한
> Es seco.(건조해요.)

✿ 쌀쌀해요.
Hace fresco.
아세 프레스꼬

☀ 날씨가 따뜻해요.

Hace un tiempo cálido.

아세 운 띠엠뽀 깔리도

Unidad **3** 더위와 추위를 말할 때

☀ 더워요.

Hace calor.

아세 깔로르

☀ 숨막히는 날씨군요!

¡Qué día tan asfixiante!

께 디아 딴 아스픽시안떼

> asfixiante 질식할 것 같은
> 유사표현 ¡Quá día tan abrasador!

☀ 불볕 더위예요.

Hace un calor abrasador.

아세 운 깔로르 아브라사도르

☀ 정말 추워요.

Hace mucho frío.

아세 무초 프리오

☀ 얼어붙듯이 추워요.

Hace un frío que pela.

아세 운 프리오 께 뻴라

> helado/a 꽁꽁 언
> pelar 피부가 벗겨지다
> 유사표현 Estoy helado/a.
> (얼어 죽겠어요.)

☀ 날씨가 점점 추워지고 있어요.

Cada día hace más frío.

까다 디아 아세 마스 프리오

> cada día 매일 frío 추위
> 유사표현 Cada día está haciendo más frío.

☀ 추워 죽겠어요.

Me muero de frío.

메 무에로 데 프리오

✿ 뼛속까지 추워요.
El frío me cala hasta los huesos.
엘 프리오 메 깔라 아스따 로스 우에소스

Unidad 4 바람이 불 때

✿ 바람이 불어요.
Hace viento.
아세 비엔또

viento 바람
유사표현 El día es ventoso.

✿ 바람이 세차게 부는군요!
¡Hace muchísimo viento!
아세 무치시모 비엔또

✿ 폭풍이 불어요.
Hay tormenta.
아이 또르멘따

Hay ~가 있다, 존재한다
Hay truenos.(천둥이 친다.)
Hay rayos.(번개가 친다.)

Unidad 5 비가 내릴 때

✿ 비가 와요.
Está lloviendo.
에스따 요비엔도

✿ 비가 많이 와요.
Llueve mucho.
유에베 무초

✿ 억수같이 퍼부어요.
Llueve a cántaros.
유에베 아 깐따로스

a cántaros 억수처럼
유사표현 Llueve a mares.
Está diluviando.

✿ 이슬비가 내려요.
Está chispeando.
에스따 치스뻬안도

✿ 소나기가 오고 있어요.
Está cayendo un chaparrón.
에스따 까옌도 운 차빠론

✿ 비가 올 것 같아요.
Parece que va a llover.
빠레세 께 바 아 요베르

유사표현 Está a punto de llover.
(비가 막 오려고 해요.)

✿ 비가 오락가락해요.
Está lloviendo intermitentemente.
에스따 요비엔도 인떼르미뗀떼멘떼

intermitentemente
가물가물, 간헐적으로
유사표현 Ahora llueve ahora no.
(비가 왔다 안 왔다 해요.)

✿ 비가 그쳤어요.
Ha parado de llover.
아 빠라도 데 요베르

Unidad 6 눈이 내릴 때

✿ 눈이 오고 있어요.
Está nevando.
에스따 네반도

✿ 눈이 펑펑 쏟아져요.
Nieva muchísimo.
니에바 무치시모

구어체 표현 Menuda nevada
está cayendo.

✿ 어제 폭설이 내렸어요.
Ayer hubo una fuerte nevada.
아예르 우보 우나 푸에르떼 네바다

✿ 우박이 내리고 있어요.

Está granizando.

에스따 그라니산도

Unidad **7** 일기예보에 대해 말할 때

✿ 오늘 일기 예보 어때요?

¿Cuál es el pronóstico del tiempo para hoy?

꾸알 에스 엘 쁘로노스띠꼬 델 띠엠뽀 빠라 오이

✿ 일기예보를 확인해 봐.

Mira el tiempo para mañana.

미라 엘 띠엠뽀 빠라 마냐나

pronóstico del tiempo 일기예보
유사표현 Mira el pronóstico de
tiempo para mañana.

✿ 일기예보가 틀렸어요.

El pronóstico del tiempo está equivocado.

엘 쁘로노스띠꼬 델 띠엠뽀 에스따 에끼보까도

✿ 일기예보에 의하면 비가 온다고 해요.

El pronóstico del tiempo dice que va a llover.

엘 쁘로노스띠꼬 델 띠엠뽀 디세 께 바 아 요베르

✿ 일기예보가 맞았어요.

El pronóstico del tiempo acertó.

엘 쁘로노스띠꼬 델 띠엠뽀 아세르또

acertar 적중하다, 맞추다
유사표현 El pronóstico del
tiempo fue acertado.

Unidad **8** 계절에 대해 말할 때

✿ 어떤 계절을 가장 좋아하세요?

¿Cuál es tu estación preferida?

꾸알 에스 뚜 에스따시온 쁘레페리다

❄ 일년 내내 봄날이라면 좋겠어요!

¡Me gustaría que fuese la primavera todo el año!

메 구스따리아 께 푸에세 라 쁘리마베라 또도 엘 아뇨

❄ 이곳의 봄을 좋아하세요?

¿Te gusta la primavera de aquí?

떼 구스따 라 쁘리마베라 데 아끼

❄ 7월과 8월은 한국에서 가장 더운 달이에요.

Julio y agosto son los meses más calurosos de Corea.

훌리오 이 아고스또 쏜 로스 메세스 마스 깔루로소스 데 꼬레아

❄ 저는 더위를 잘 타요.

Soy caluroso(a).

쏘이 깔루로소(사)

> caluroso/a 더위를 잘 타는
> friolero/a 추위를 잘 타는
> 유사표현 Soy sensible al calor.

❄ 저는 추위를 잘 타요.

Soy friolero(a).

쏘이 프리올레로(라)

❄ 비가 많이 오는 날은 좋아하지 않아요.

No me gustan los días lluviosos.

노 메 구스딴 로스 디아스 유비오소스

• 산티아고 카미노 길

❄ 정말 더위는 이제부터예요.

El calor de verdad va a empezar a partir de ahora.

엘 깔로르 데 베르닫 바 아 엠뻬사르 아 빠르띠르 데 아오라

❄ 겨울이 다가오고 있어요.

El invierno se está acercando.

엘 인비에르노 세 에스따 아세르깐도

❄ 여름이 끝났어요.

El verano se acabó.

엘 베라노 세 아까보

> acabarse 끝나다 verano 여름
> Ya estamos en otoño.
> (이제 가을이에요.)

Capítulo **10** 시간과 연월일에 대해서

시간, 요일, 연월일 등의 시간에 관한 표현은 일상생활에서 언제든지 어디에서든지 입에서 바로 술술 나올 수 있도록 해야 합니다. 스페인어에서 요일과 월은 소문자로 써야 한다는 것도 기억해 둡시다. 시간을 물을 때는 ¿Qué hora es?(지금 몇 시죠?), 요일을 물을 때는 ¿Qué día es hoy?(오늘은 무슨 요일이죠?), 날짜를 물을 때는 ¿A qué estamos hoy?(오늘은 며칠이죠?), 월을 물을 때는 ¿En qué mes estamos?(몇 월이죠?)라고 말하면 됩니다.

Unidad **1** 시간을 물을 때

✿ 지금 몇 시죠?
   ¿Qué hora es?
   께 오라 에스

> 시간을 물을 때는 ¿Tienes hora? 라고 말하기도 한다.

✿ 몇 시인지 말해 주실래요?
   ¿Puedes decirme la hora?
   뿌에데스 데시르메 라 오라

✿ 몇 시쯤 되었을까?
   ¿Qué hora será?
   께 오라 세라

✿ 수업은 몇 시죠?
   ¿A qué hora es la clase?
   아 께 오라 에스 라 끌라세

> boda 결혼식 ¿A qué hora es?는 '(행사, 수업, 파티)등이 몇 시에 있어?'라고 물어볼 때 쓰인다.

✿ 결혼식은 몇 시예요?
   ¿A qué hora es la boda?
   아 께 오라 에스 라 보다

✿ 오전 7시입니다.

Son las siete de la mañana.

쏜 라스 시에떼 데 라 마냐나

✿ 12시 정각입니다.

Son las doce en punto.

쏜 라스 도세 엔 뿐또

> 정각은 en punto 15분은 cuarto
> 반(30분)은 media

✿ 오전 8시 15분입니다.

Son las ocho y cuarto de la mañana.

쏜 라스 오초 이 꾸아르또 데 라 마냐나

✿ 오후 2시 반입니다.

Son las dos y media de la tarde.

쏜 라스 도스 이 메디아 데 라 따르데

✿ 오후 8시 10분 전입니다.

Son las ocho menos diez de la tarde.

쏜 라스 오초 메노스 디에스 데 라 따르데

✿ 아직 7시밖에 안 되었어요.

Todavía son solo las siete.

또다비아 쏜 솔로 라스 시에떼

> Todavía son las siete solo.라고
> 말해도 된다. solo 뿐, 밖에, 단지

✿ 6시 반이 다 되어 갑니다.

Casi son las seis y media.

까시 쏜 라스 시에떼 이 메디아

> '대략, 약, 거의'의 의미로는 más
> o menos, casi, aproximadamente
> 등이 있다.

✿ 5시 반 정도 된 것 같아요.

Creo que son las cinco y media más o menos.

끄레오 께 쏜 라스 싱꼬 이 메디아 마스 오 메노스

✿ 약 11시입니다.

Son las once apróximadamente.

쏜 라스 온세 아쁘록시마다멘떼

✿ 정오입니다.

Es mediodía.

에스 메디오디아

mediodía 정오 medianoche 자정
Es medianoche.(자정입니다.)

✿ 30분 후에(지나서)

En treinta minutos. / En media hora.

엔 뜨레인따 미누또스 / 엔 메디아 오라

✿ 30분 전에

Hace treinta minutos.

아세 뜨레인따 미누또스

Unidad 3 시간에 대해 묻고 답할 때

✿ 거기에 가는 데 얼마나 걸리나요?

¿Cuánto tiempo se tarda en llegar?

꾸안또 띠엠뽀 세 따르다 엔 예가르

✿ 몇 시에 열어요?

¿A qué hora abre?

아 께 오라 아브레

¿A qué hora cierra?
몇 시에 닫아요?

✿ 이제 가야 할 시간입니다.

Es hora de irme.

에스 오라 데 이르메

✿ 천천히 하세요.

Tómate tu tiempo.

또마떼 뚜 띠엠뽀

tomar tiempo 시간을 갖다
유사표현 No hay prisa.
(급하지 않아요.)

✿ 시간 있어요?
¿Tienes tiempo?
띠에네스 띠엠뽀

✿ 시간이 없어요.
No tengo tiempo.
노 뗑고 띠엠뽀

tiempo 시간 libre 한가한
Sí tengo tiempo.(시간 있어요.)
Estoy libre.(화요일엔 한가해요.)

✿ 몇 시가 괜찮아요?
¿A qué hora te viene bien?
아 께 오라 떼 비에네 비엔

✿ 시간이 부족해요.
Me falta tiempo.
메 팔따 띠엠뽀

faltar 부족하다
유사표현 Voy con retraso.
(늦었어요.)

Unidad ❹ 연월일에 대해 말할 때

✿ 오늘은 무슨 요일이죠?
¿Qué día es hoy?
께 디아 에스 오이

✿ 오늘은 월요일입니다.
Hoy es lunes.
오이 에스 루네스

✿ 오늘은 며칠입니까?
¿A qué estamos hoy?
아 께 에스따모스 오이

유사표현 ¿A qué día estamos?

✿ 오늘은 5월 5일입니다.
Estamos a cinco de mayo.
에스따모스 아 씽꼬 데 마요

유사표현 Hoy es cinco de mayo.

✿ 몇 년도에 태어났어요?
¿En qué año naciste?
엔 께 아뇨 나시스떼

✿ 1998년도에 태어났어요.
Nací en (el año) 1998.
나시 엔 (엘 아뇨) 밀 노베시엔또스 노벤따이 오초

✿ 생년월일이 어떻게 되세요?
¿Cuál es tu fecha de nacimiento?
꾸알 에스 뚜 페차 데 나시미엔또

✿ 2002년 4월 5일생입니다.
Mi fecha de nacimiento es el cinco de abril de 2002.
미 페차 데 나시미엔또 에스 엘 싱꼬 데 아브릴 데 도스 밀 도스

✿ 몇 월 생이에요?
¿En qué mes naciste?
엔 께 메스 나시스떼

✿ 5월 생입니다.
Soy del mes de mayo.
쏘이 델 메스 데 마요

nacer 태어나다
유사표현 Nací en mayo.
(5월에 태어났어요.)

✿ 여기에 온 지 얼마나 되셨어요?
¿Cuánto tiempo llevas aquí?
꾸안또 띠엠뽀 예바스 아끼

✿ 여기 온 지 석 달째입니다.
Llevo tres meses aquí.
예보 뜨레스 메세스 아끼

✿ 월요일부터 토요일까지 영업합니다.
Abrimos desde lunes hasta sábado.
아브리모스 데스데 루네스 아스따 싸바도

desde ~부터 hasta ~까지
Abrimos de lunes a sábado.

205

Capítulo 11

미용과 세탁에 대해서

스페인에서 이발소는 barbería라고 하고, 미용실은 peluquería
또는 salón de belleza라고 말합니다. 금발머리는 rubio(a), 갈
색머리는 moreno(a), 붉은색머리는 pelirrojo(a)라고 부릅니다.
스페인 사람들은 염색을 아주 즐겨 합니다. 커트를 원할 때는
Quiero cortarme el pelo.(커트하고 싶어요.), Quiero hacerme
un permanente.(파머하고 싶어요.), Quiero teñirme.(염색하고
싶어요.)라는 표현은 꼭 기억해 둡시다.

Unidad 1 헤어스타일에 대해 말할 때

🌸 어떤 헤어스타일을 좋아해요?
¿Qué tipo de estilo de pelo te gusta?
께 띠뽀 데 에스띨로 데 뻴로 떼 구스따

🌸 포니테일 스타일을 좋아합니다.
Me gusta hacerme cola de caballo.
메 구스따 아세르메 꼴라 데 까바요

> Me gusta llevar cola de caballo.
> 라고 말해도 된다.
> cola de caballo 포니테일 스타일

🌸 저는 머리를 푸는 것을 좋아합니다.
Me gusta llevar el pelo suelto.
메 구스따 예바르 엘 뻴로 수엘또

> Me gusta llevar el pelo recogido.
> (머리 묶는 것을 좋아해요.)

🌸 머리는 무슨 색깔이에요?
¿De qué color es tu pelo?
데 께 꼴로르 에스 뚜 뻴로

🌸 저는 갈색을 좋아합니다.
Me gusta el color marrón.
메 구스따 엘 꼴로르 마론

✿ 저는 긴 머리입니다.

Llevo el pelo largo.

예보 엘 뻴로 라르고

✿ 저는 곱슬 머리입니다.

Tengo el pelo rizado.

떼고 엘 뻴로 리사도

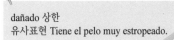

pelo rizado 곱슬머리
pelo liso 생머리
Tengo el pelo liso. (생머리입니다.)

✿ 헤어스타일을 바꿨어요.

He cambiado de mi estilo de pelo.

에 깜비아도 데 미 에스띨로 데 뻴로

✿ 헤어스타일이 잘 어울려요.

Te queda muy bien el nuevo peinado.

떼 께다 무이 비엔 엘 누에보 뻬이나도

✿ 가끔 땋은 머리를 해요.

A veces llevo el pelo con trenzas.

아 베세스 예보 엘 뻴로 꼰 뜨렌사스

trenza 땋은 머리
유사표현 A veces me trenzo el pelo.

Unidad **2** 미용실에서

✿ 머릿결이 많이 상했어요.

Tiene el pelo muy dañado.

띠에네 엘 뻴로 무이 다냐도

dañado 상한
유사표현 Tiene el pelo muy estropeado.

✿ 지금과 같은 헤어스타일로 해 주세요.

Quiero el mismo estilo que ahora.

끼에로 엘 미스모 에스띨로 께 아오라

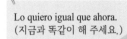

Lo quiero igual que ahora.
(지금과 똑같이 해 주세요.)

✿ 헤어스타일을 바꾸고 싶어요.

Quiero cambiarme el estilo de pelo.

끼에로 깜비아르메 엘 에스띨로 데 뻴로

✿ 머리를 잘라 주세요.

Quiero cortarme el pelo.

끼에로 꼬르따르메 엘 뻴로

■ 스페인 미용실

✿ 어떻게 잘라 드릴까요?

¿Cómo quiere que se lo corte?

꼬모 끼에레 께 세 로 꼬르떼

✿ 옆머리를 좀 더 잘라 주세요.

Quiero que me corte más el pelo de los lados.

끼에로 께 메 꼬르떼 마스 엘 뻴로 데 로스 라도스

✿ 샴푸해 주세요.

Quiero que me lave el pelo.

끼에로 께 메 라베 엘 뻴로

> pelo 머리카락 cabeza 머리
> 유사표현 Quiero que me lave la cabeza.

✿ 끝만 다듬어 주세요.

Quiero que solo me corte las puntas.

끼에로 께 솔로 메 꼬르떼 라스 뿐따스

✿ 어깨길이까지 해 주세요.

Déjeme hasta los hombros, por favor.

데헤메 아스따 로스 옴브로스 뽀르 파보르

✿ 파마를 해 주세요.

Quiero hacerme la permanente, por favor.

끼에로 아세르메 라 뻬르마넨떼 뽀르 파보르

✿ 스트레이트를 해 주세요.

Quiero que me haga un alisado japonés, por favor.

끼에로 께 메 아가 운 알리사도 하뽀네스 뽀르 파보르

✿ 염색을 원합니다.

Quiero tintarme el pelo.

끼에로 띤따르메 엘 뻴로

> teñirse = tintarse 염색하다
> 유사표현 Quiero teñirme el pelo.

✿ 하이라이트를 넣어 주세요.

Quiero hacerme las mechas.

끼에로 아세르메 라스 메차스

Unidad 3 세탁소에서

✿ 이 정장을 드라이클리닝 해 주실래요?

¿Puede lavarme este traje en seco?

뿌에데 라바르메 에스떼 뜨라헤 엔 세꼬

✿ 이 셔츠에 있는 얼룩을 좀 제거해 줄 수 있나요?

¿Puede quitarme la mancha de esta camiseta?

뿌에데 끼따르메 라 만차 데 에스따 까미세따

✿ 어떻게 찾아가면 되나요?

¿Cómo puedo recoger la ropa?

꼬모 뿌에도 레꼬헤르 라 로빠

recoger la ropa 옷 픽업하기
¿Cuándo puedo recoger la ropa?

✿ 드라이클리닝비는 얼마예요?

¿Cuánto es el lavado en seco?

꾸안또 에스 엘 라바도 엔 세꼬

✿ 이 치마를 좀 다림질 해 주실래요?

¿Puede plancharme esta falda?

뿌에데 쁠란차르메 에스따 팔다

planchar 다림질하다
Pláncheme esta falda, por favor.
(이 치마 다림질 좀 부탁합니다.)

✿ 다음 주 화요일까지 필요해요.

Necesito que esté listo(a) el martes que viene.

네세시또 께 에스떼 리스또(따) 엘 마르떼스 께 비에네

✿ 세탁물 찾으러 왔어요.

He venido a recoger la ropa.

에 베니도 아 레꼬헤르 라 로빠

Capítulo **12** 음주와 흡연에 대해서

스페인에서는 아침을 와인 한 잔으로 시작해서 와인으로 하루를 마무리 할 정도로 와인은 삶 속에서 아주 중요한 역할을 합니다. 레드와인(vino tinto), 화이트 와인(vino blanco), 로제와인(vino rosado), 상그리아(sangría), 틴토 데 베라노(tinto de verano) 등의 다양한 와인을 저렴하게 즐길 수 있습니다. 술과 담배를 권할 때는 ¿Te apetece una copa?, ¿Quieres un cigarrillo?라고 말할 수 있고, 만약 거절하고 싶다면, No gracias.(아니요, 괜찮아요.)라고 사양할 수 있습니다.

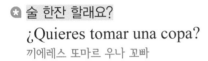 **Unidad** **1** 술을 권할 때

❋ 술 한잔 할래요?

¿Quieres tomar una copa?

끼에레스 또마르 우나 꼬빠

> tomar una copa 술 한잔 하다,
> 구어체 표현 ¿Te apetece una copa?(한잔 할래?)

❋ 일 끝나고 저랑 맥주 한잔 할래요?

¿Quieres tomar una cerveza conmigo después del trabajo?

끼에레스 또마르 우나 세르베사 꼰미고 데스뿌에스 델 뜨라바호

❋ 오늘밤 우리 한잔 하러 가지 않을래요?

¿Por qué no vamos de copas esta noche?

뽀르 께 노 바모스 데 꼬빠스 에스따 노체

❋ 한잔 사고 싶어요.

Me gustaría invitarte a una copa.

메 구스따리아 인비따르떼 아 우나 꼬빠

❋ 술 마시겠어요?

¿Te gustaría beber?

떼 구스따리아 베베르

> beber 동사는 뒤에 명사 없이
> 홀로 쓰이면 '술 마시다' 라는
> 뜻이 된다.

😊 우리 집에 가서 한잔 해요.

Vamos a mi casa a tomar una copa.

바모스 아 미 까사 아 또마르 우나 꼬빠

😊 수업 끝나고 맥주 한잔 하러 가요.

Vamos a ir a tomar una cerveza después de clase.

바모스 아 이르 아 또마르 우나 세르베사 데스뿌에스 데 끌라세

Unidad 2 건배를 할 때

😊 건배!

¡Salud! / ¡Chin chin!

살룯 / 친친

> salud 건강, 건강을 위해 건배할 때
> ¡Por los años!도 많이 사용한다.

😊 건배합시다!

¡Brindemos!

브린데모스

> brindar 건배하다
> = hacer un brindis

😊 건배를 하고 싶어요.

Quiero hacer un brindis.

끼에로 아세르 운 브린디스

😊 건강을 위해 건배해요!

¡Brindemos por la salud!

브린데모스 뽀르 라 살룯

> brindar por ~을 위해 건배를 들다
> ¡Brindemos por Pedro!
> (페드로를 위해 건배를 들어요!)

😊 당신의 첫 출근을 위해 건배해요!

¡Brindemos por tu primer día de vida laboral!

브린데모스 뽀르 뚜 쁘리메르 디아 데 비다 라보랄

😊 무엇을 위해 건배를 할까요?

¿Por qué brindamos?

뽀르 께 브린다모스

✿ 술 시킬까요?

¿Vamos a pedir las copas?

바모스 아 뻬디르 라스 꼬빠스

✿ 제가 한 잔 따라 드릴게요.

Déjame servirte una copa.

데하메 세르비르떼 우나 꼬빠

▪ 스페인 맥주, 에스트레야 담

✿ 뭐 마시면서 얘기 나눠요.

Vamos a tomar algo y a charlar.

바모스 아 또마르 알고 이 아 찰라르

✿ 2차 갑시다.

Vamos por la segunda ronda.

바모스 뽀르 라 세군다 론다

> segunda roda 2차
> tercera ronda 3차 Hacemos la
> segunda ronda en otro lugar.
> (다른 데서 2차 합시다.)

✿ 한잔 더 합시다.

Tomamos otra más.

또마모스 오뜨라 마스

✿ 전 한 잔 더 시킬래요.

Me voy a pedir una copa más.

메 보이 아 뻬디르 우나 꼬빠 마스

> caña 생맥주 Me voy a pedir una
> caña.(맥주 한 잔 시킬래요.)

✿ 당신 취했어요.

Estás borracho(a).

에스따스 보라초(차)

✿ 얼음 넣은 위스키 한 잔 주세요. (주문할 때)

Ponme un whisky con hielo, por favor.

뽄메 운 위스끼 꼰 이엘로 뽀르 파보르

> Ponme 나에게 ~을 주세요
> con hielo 얼음이 든
> 유사표현 Me pone un whisky.

❀ 맥주 한 잔 주시겠어요? (주문할 때)

¿Me puede poner una caña, por favor?

메 뿌에데 뽀네르 우나 까냐 뽀르 파보르

caña 생맥주 한 잔
Una caña, por favor.
(생맥주 한 잔 주세요.)

Unidad 4 주량에 대해 말할 때

❀ 평소에 얼마나 마십니까?

¿Cuánto bebes normalmente?

꾸안또 베베스 노르말멘떼

❀ 술을 얼마나 자주 마십니까?

¿Con qué frecuencia bebes?

꼰 께 프레꾸엔시아 베베스

¿Con qué frecuencia ~?
얼마나 자주 ~하니?

❀ 저는 술을 아주 잘 마셔요.

Soy un gran bebedor.

쏘이 운 그란 베베도르

bebedor 술 잘 마시는 사람
Yo bebo realmente bien alcohol.

❀ 전 술에 금방 취해요.

Me pongo borracho rápidamente.

메 뽕고 보라초 라삐다멘떼

ponerse borracho 술에 취하다
rápidamente 빨리
Me sube el alcohol en seguida.

❀ 전 한 잔도 못해요.

No pruebo ni una gota.

노 뿌루에보 니 우나 고따

probar 맛을 보다
una gota 한 방울
No bebo ni una gota.
(한 방울도 못 마셔요.)

❀ 술은 모두 좋아합니다.

Me gustan todos los tipos de alcohol.

메 구스딴 또도스 로스 띠뽀스 데 알꼬올

❀ 전 맥주로는 잘 취하지 않습니다.

No me emborracho con la cerveza.

노 메 엠보라초 꼰 라 세르베사

✿ 숙취가 있어요.

Tengo resaca.

떼고 레사까

✿ 술을 너무 많이 마셔서 어젯밤 필름이 끊겼어요.

Anoche bebí tanto alcohol que no recuerdo nada.

아노체 베비 딴또 알꼬올 께 노 레꾸에르도 나다

Unidad **5** 금주에 대해 말할 때

✿ 술을 끊기로 결심했어요.

He decidido no tomar alcohol nunca más.

에 데시디도 노 또마르 알꼬올 눈까 마스

✿ 술을 끊었어요

Dejé de beber alcochol.

데헤 데 베베르 알꼬올

dejar de beber 금주하다 Soy
abstemio(a).(저 금주가입니다.)

✿ 의사가 술을 금했어요.

El doctor me prohibió tomar alcohol.

엘 독또르 메 쁘로이비오 또마르 알꼬올

✿ 술을 끊는 것이 좋겠어요.

Sería mejor que dejaras de tomar alcohol.

세리아 메호르 께 데하라스 데 또마르 알꼬올

Unidad **6** 담배에 대해 말할 때

✿ 담배를 한 대 피우고 싶어요.

Tengo ganas de fumarme un cigarillo.

떼고 가나스 데 푸마르메 운 시가리요

fumar 담배 피우다
Me fumo encima.(구어체 표현)

✿ 담배 피우는 걸 많이 좋아합니다

Me gusta mucho fumar.

메 구스따 무초 푸마르

✿ 담배 한 대 피울래요?

¿Te apetece un cigarrillo?

떼 아뻬떼세 운 시가리요

¿Te apetece ~? ~하고 싶니?
un cigarrillo 담배 한 대

✿ 라이터 좀 빌려 줄래요?

¿Me puede prestar el mechero?

메 뿌에데 쁘레스따르 엘 메체로

✿ 재떨이 좀 건네 주시겠어요?

¿Me puede pasar el cenicero, por favor?

메 뿌에데 빠사르 엘 세니세로 뽀르 파보르

✿ 담배 피우고 싶어 죽겠어요.

Me muero de ganas de fumar un cigarrillo.

메 무에로 데 가나스 데 푸마르 운 시가리요

✿ 저는 골초입니다.

Fumo como un carretero.

푸모 꼬모 운 까레떼로

carretero 골초 fumador 흡연가
유사표현 Soy un gran fumador.

✿ 하루에 어느 정도 피웁니까?

¿Cuántos cigarros fumas al día?

꾸안또스 시가로스 푸마스 알 디아

Unidad	7	흡연을 허락 받을 때

✿ 여기에서 담배를 피워도 될까요?

¿Puedo fumar aquí?

뿌에도 푸마르 아끼

✿ 담배를 피워도 되겠습니까? (아주 정중한 표현)

¿Le importaría que fumase?

레 임뽀르따리아 께 푸마세

¿Le importaría si fumo?
¿Le importa si fumo?

✿ 여기에서 담배 피워도 되나요?

¿Aquí se puede fumar?

아끼 세 뿌에데 푸마르

Aquí no se puede fumar.
(여기에서 담배 피우시면 안 돼요.)

✿ 이곳은 금연석입니까?

¿Este asiento es de no fumador?

에스떼 아시엔또 에스 데 노 푸마도르

✿ 금연석으로 원합니다.

Quiero el asiento de no fumador.

끼에로 엘 아시엔또 데 노 푸마도르

✿ 금연석으로 변경할 수 있습니까?

¿Me puede cambiar el asiento por uno de no fumador?

메 뿌에데 깜비아르 엘 아시엔또 뽀르 우노 데 노 푸마도르

Unidad 8 금연에 대해 말할 때

✿ 전 담배를 끊어야겠어요.

Voy a dejar de fumar.

보이 아 데하르 데 푸마르

✿ 전 2년 전에 담배를 끊었어요.

Dejé de fumar hace dos años.

데헤 데 푸마르 아세 도스 아뇨스

dejar de fumar 금연하다
No soy fumador.(저는 비흡연가
입니다.) Yo no fumo.(저는 담배
를 피우지 않습니다.)

✿ 담배는 건강에 해롭습니다.

El tabaco es perjudicial para la salud.

엘 따바꼬 에스 뻬르후디시알 빠라 라 살룯

216

핵심문장
동영상강의

Parte 6

여행과 출장에 관한 표현

정열과 열정의 나라! 스페인, 스페인으로의 여행은 그 자체만으로 가슴을 설레게 합니다. 영어가 잘 소통되지 않는 스페인에서는 간단한 여행 회화는 필수라고 볼 수 있습니다. 스페인어로 간단한 질문만 해도 더 친절히 안내해 주고 쉽게 친구도 될 수가 있습니다. 아무런 준비 없이 여행이나 출장을 떠나는 것보다는 기본적인 스페인어 회화를 익혀 둔다면 여행의 질은 순식간에 높아질 수 있습니다. 따라서 이 장에서는 여행 시 필요한 숙박, 쇼핑, 관광 등에 관한 다양한 표현을 익히도록 하였습니다.

Capítulo 01 출국 비행기 안에서

한국과 스페인의 직항 노선은 인천발 마드리드 도착행이 있습니다. 그리고 대부분 에어 프랑스, 카타르, KLM, 핀에어 등을 이용하여 해당 국가를 경유해야 합니다. 스페인 항공사로는 Iberia(이베리아 항공), Air Europa(에어 에우로빠), Air Nostrum(에어 노스뜨룸), Swiftair(스위프트에어) 등이 있습니다.

Unidad 1 좌석을 찾을 때

🌸 좌석 안내 좀 도와 주실 수 있으세요?
¿Me podría ayudar a encontrar mi asiento?
메 뽀드리아 아유다르 아 엔꼰뜨라르 미 아시엔또

🌸 제 자리는 어디입니까?
¿Dónde está mi asiento?
돈데 에스따 미 아시엔또

> asiento 좌석
> 유사표현 ¿Cuál es mi asiento?

🌸 탑승권을 보여 주시겠습니까?
¿Podría mostrarme su tarjeta de embarque?
뽀드리아 모스뜨라르메 수 따르헤따 데 엠바르께

🌸 미안합니다, 좀 지나갈까요?
Perdóneme, ¿me permite pasar?
뻬르도네메 메 뻬르미떼 빠사르

> permitir 허락하다
> 유사표현 ¿Me dejaría pasar?

🌸 여기가 제 자리인 것 같아요.
Creo que este es mi asiento.
끄레오 께 에스떼 에스 미 아시엔또

✿ (옆 사람에게) 자리를 바꿔 주시겠습니까?

¿Podría cambiarme el asiento?

뽀드리아 깜비아르메 엘 아시엔또

cambiar el asiento 자리를 바꾸다
¿Le importaría intercambiar el asiento conmigo?

✿ 짐을 올리도록 도와 주시겠습니까?

¿Me podría ayudar a subir mi maleta?

메 뽀드리아 아유다르 아 수비르 미 말레따

Unidad 2 기내 서비스를 받을 때

✿ 음료는 뭐 드시겠습니까?

¿Qué le gustaría tomar? / ¿Qué quiere tomar?

께 레 구스따리아 또마르 / 께 끼에레 또마르

✿ 어떤 음료가 있습니까?

¿Qué tipos de bebida hay?

께 띠뽀스 데 베비다 아이

✿ 사과 주스를 원합니다.

Quiero un zumo de manzana.

끼에로 운 수모 데 만사나

zumo 주스 manzana 사과
유사표현 Un zumo de manzana, por favor.
(사과 주스 한 잔 부탁합니다.)

✿ 커피 좀 더 갖다 주시겠습니까?

¿Me podría traer más café, por favor?

메 뽀드리아 뜨라에르 마스 까페 뽀르 파보르

✿ 담요를 좀 갖다 주시겠습니까?

¿Me podría traer una manta, por favor?

메 뽀드리아 뜨라에르 우나 만따 뽀르 파보르

✿ 커피는 괜찮습니다.

No quiero café, gracias.

노 끼에로 까페 그라시아스

거절할 때는 Ahora no, gracias.
(지금은 괜찮습니다, 고마워요.)

Unidad 3 기내 식사를 할 때

✿ 식사는 언제 나오나요?
¿Cuándo nos van a servir la comida?
꾸안도 노스 반 아 세르비르 라 꼬미다

✿ 식사는 소고기와 치킨 중 무엇으로 하시겠습니까?
¿Qué le gustaría comer, ternera o pollo?
께 레 구스따리아 꼬메르 떼르네라 오 뽀요

✿ 치킨으로 할게요.
Prefiero pollo, por favor.
쁘레피에로 뽀요 뽀르 파보르

> preferir 선호하다
> Ternera, por favor.
> (소고기로 부탁해요.)

✿ 식사는 다 하셨습니까?
¿Ha terminado de comer?
아 떼르미나도 데 꼬메르

> terminar de comer 식사를 마치다
> 유사표현 ¿Ha terminado su comida?

Unidad 4 입국카드를 작성할 때

✿ 이것이 입국카드입니까?
¿Esta es la tarjeta de inmigración?
에스따 에스 라 따르헤따 데 인미그라시온

✿ 입국카드 한 장만 더 갖다 주시겠습니까?
¿Me podría traer una tarjeta de inmigración?
메 뽀드리아 뜨라에르 우나 따르헤따 데 인미그라시온

✿ 입국카드 작성법을 가르쳐 주시겠습니까?
¿Me podría decir cómo rellenar este formulario de inmigración?
메 뽀드리아 데시르 꼬모 레예나르 에스떼 포르물라리오 데 인미그라시온

220

Unidad 5 — 기내 면세품을 구입할 때

☺ 기내에서 면세품을 판매합니까?

¿Venden artículos libres de impuestos en el vuelo?

벤덴 아르띠꿀로스 리브레스 데 임뿌에스또스 엔 엘 부엘로

☺ 면세품 카탈로그를 볼 수 있을까요?

¿Puedo ver el catálogo de los artículos libres de impuestos?

뿌에도 베르 엘 까딸로고 데 로스 아르띠꿀로스 리브레스 데 임뿌에스또스

☺ (면세품 사진을 가리키며) 이것은 있습니까?

¿Tiene esto?

띠에네 에스또

☺ 한국 돈은 받습니까?

¿Aceptan la moneda Won?

악셉딴 라 모네다 원

> aceptar 받다 moneda 화폐
> 유사표현 ¿Puedo pagar con la
> moneda coreana? (한국 돈으로 지
> 불해도 됩니까?)

Unidad 6 — 몸이 불편할 때

☺ 멀미가 나요. 멀미약 있습니까?

Estoy mareado(a). ¿Podría traerme medicina para el mareo?

에스또이 마레아도(다) 뽀드리아 뜨라에르메 메디시나 빠라 엘 마레오

☺ 토하고 싶어요. 비닐 봉지 좀 갖다 주시겠습니까?

Tengo ganas de vomitar. ¿Podría traerme una bolsa para vomitar?

뗑고 가나스 데 보미따르 뽀드리아 뜨라에르메 우나 볼사 빠라 보미따르

☺ 비행기가 예정된 시간에 착륙합니까?

¿Va a aterrizar a la hora prevista?

바 아 아떼리사르 아 라 오라 쁘레비스따

Parte 06 | 여행과 출장에 관한 표현

221

✿ 현지 시간으로 지금 몇 시입니까?

¿Cuál es la hora local?

꾸알 에스 라 오라 로깔

La hora local ¿cuál es?
라고 말해도 된다.

Unidad **7** 통과 · 환승할 때

✿ 파리에서 환승합니다.

Hacemos trasbordo en París.

아세모스 뜨라스보르도 엔 빠리스

✿ 이 비행기는 로마 경유 마드리드행입니다.

Este avión es un vuelo con destino a Madrid vía Roma.

에스떼 아비온 에스 운 부엘로 꼰 데스띠노 아 마드릳 비아 로마

✿ 이 공항에서 얼마나 머무나요?

¿Cuánto tiempo vamos a quedarnos en este aeropuerto?

꾸안또 띠엠뽀 바모스 아 께다르노스 엔 에스떼 아에로뿌에르또

✿ 어느 게이트로 나가야 합니까?

¿A qué puerta tengo que salir?

아 께 뿌에르따 뗑고 께 살리르

✿ 환승 카운터는 어디입니까?

¿Dónde está el mostrador del trasbordo?

돈데 에스따 엘 모스뜨라도르 델 뜨라스보르도

trasbordo 환승 escala 경유
La escala en este aropuerto ¿de
cuánto tiempo es?(이 공항에서의
경유 시간은 얼마입니까?)

✿ 환승까지 시간은 어느 정도 있습니까?

¿Cuánto tiempo tenemos para hacer el trasbordo?

꾸안또 띠엠뽀 떼네모스 빠라 아세르 엘 뜨라스보르도

✿ 이 비행기는 직항이 아닙니다. 환승해야 합니다.

Este vuelo no es directo. Hay que hacer el trasbordo.

에스떼 부엘로 노 에스 디렉또 아이 께 아세르 엘 뜨라스보르도

Capítulo 02 공항에 도착해서

목적지 공항에 도착하면 먼저 Llegada(도착), Entrada(입국) 등의 표시를 따라 Inmigración 또는 Control de Policía(입국심사)를 향해서 가면 입국심사 카운터에 도착합니다. 기내에서 작성한 입국카드와 여권을 심사관에게 보입니다. 입국심사가 끝나면 Reclamación de equipaje의 표시를 따라서 가서 짐을 찾으면 됩니다. 그리고 Aduana의 표시를 따라 세관으로 가서 여권과 세관신고서를 담당에게 보여 주고 통과를 기다리면 됩니다.

Unidad 1 입국수속을 밟을 때

❀ 여권을 보여 주시겠습니까?
¿Puedo ver su pasaporte?
뿌에도 베르 수 빠사뽀르떼

❀ 입국 목적은 무엇입니까?
¿Cuál es el motivo de su visita?
꾸알 에스 엘 모띠보 데 수 비시따

❀ 얼마나 체류하십니까?
¿Cuánto tiempo va a permanecer?
꾸안또 띠엠뽀 바 아 뻬르마네세르

❀ 어디에 머무십니까?
¿Dónde va a alojarse?
돈데 바 아 알로하르세

> alojarse 숙박하다 quedarse 머물다
> 유사표현 ¿Dónde va a quedarse?

❀ 관광으로 왔습니다.
Vengo para hacer turismo.
벵고 빠라 아세르 뚜리스모

223

✿ 어학연수 왔습니다.

Vengo por estudios.

벵고 뽀르 에스뚜디오스

✿ 3개월 머물 예정입니다.

Me voy a quedar tres meses.

메 보이 아 께다르 뜨레스 메세스

✿ 돌아갈 항공권은 있습니까?

¿Tiene el billete de vuelta?

띠에네 엘 비예떼 데 부엘따

✿ 첫 방문이십니까?

¿Es su primera visita?

에스 수 쁘리메라 비시따

✿ 단체 여행입니까?

¿Viene con un grupo de viaje?

비에네 꼰 운 그루뽀 데 비아헤

Unidad 2 짐을 찾을 때

✿ 짐은 어디에서 찾습니까?

¿Dónde puedo recoger mi equipaje?

돈데 뿌에도 레꼬헤르 미 에끼빠헤

✿ 수화물 컨베이어가 어디에 있습니까?

¿Dónde está la sala de recogida de equipaje?

돈데 에스따 라 살라 데 레꼬히다 데 에끼빠헤

✿ 715편 짐은 나왔습니까?

¿El equipaje del vuelo 715 ya ha salido?

엘 에끼빠헤 델 부엘로 세떼시엔또스 낀세 야 아 살리도

✿ 제 짐이 보이지 않습니다.
No encuentro mi equipaje.
노 엔꾸엔뜨로 미 에끼빠헤

> encontrar 찾다 equipaje 짐, 수하물
> 유사표현 No puedo encontrar mi
> equipaje.(제 짐을 찾을 수 없어요.)

✿ 제 짐이 아직 나오지 않았습니다.
Mi equipaje todavía no ha salido.
미 에끼빠헤 또다비아 노 아 살리도

✿ 제 짐이 파손되었습니다.
Mi equipaje se ha dañado.
미 에끼빠헤 세 아 다냐도

> dañarse = estropearse 파손되다
> 유사표현 Mi maleta se ha estropeado.

✿ 이게 제 수화물인환증입니다.
Esto es mi resguardo del equipaje.
에스또 에스 미 레스과르도 델 에끼빠헤

✿ 제 짐이 어디 있는지 알 수 있을까요?
¿Podría saber dónde está mi equipaje?
뽀드리아 사베르 돈데 에스따 미 에끼빠헤

Unidad 3 세관을 통과할 때

✿ 여권과 세관 신고서를 볼 수 있을까요?
¿Puedo ver su pasaporte y la declaración de aduanas?
뿌에도 베르 수 빠사뽀르떼 이 라 데끌라라시온 데 아두아나스

✿ 세관 신고서를 작성해 주세요.
Rellene la declaración de aduanas, por favor.
레예네 라 데끌라라시온 데 아두아나스 뽀르 파보르

✿ 신고할 것은 있습니까?
¿Tiene algo que declarar?
띠에네 알고 께 데끌라라르

Parte 06 | 여행과 출입에 관한 표현

✪ 신고할 게 아무것도 없습니다.

No hay nada que declarar.

노 아이 나다 께 데끌라라르

declarar 신고하다
유사표현 No tengo nada que declarar.

✪ 개인용품뿐입니다.

Solo llevo mis artículos personales.

쏠로 예보 미스 아르띠꿀로스 뻬르소날레스

✪ 이 가방을 열어 주실 수 있으세요?

¿Podría abrirme esta maleta?

뽀드리아 아브리르메 에스따 말레따

✪ 액체류는 반입 금지 품목입니다.

Los líquidos están prohibidos.

로스 리끼도스 에스딴 쁘로이비도스

líquido 액체 prohibido 금지된
유사표현 No se permiten los líquidos.

Unidad **4** 공항의 관광안내소에서

✪ 관광안내소는 어디에 있는지 말해 주시겠어요?

¿Podría decirme dónde está la oficina de información de turismo,
por favor?

뽀드리아 데시르메 돈데 에스따 라 오피시나 데 인포르마시온 데 뚜리스모 뽀르 파보르

✪ 시가지도와 관광 팸플릿을 주시겠어요?

¿Podría darme un plano de la ciudad y un folleto?

뽀드리아 다르메 운 쁠라노 데 라 시우닫 이 운 포예또

✪ 공항 출구는 어디인가요?

¿Dónde está la salida del aeropuerto?

돈데 에스따 라 살리다 델 아에로뿌에르또

salida 출구 aeropuerto 공항
¿La salida del aeropuerto,
por favor?(공항 출구는요?)

✿ 여기에서 호텔을 예약할 수 있나요?

¿Podría hacer una reserva del hotel aquí?

뽀드리아 아세르 우나 레세르바 델 오뗄 아끼

✿ 호텔 리스트 있습니까?

¿Tiene una lista de hoteles?

띠에네 우나 리스따 데 오뗄레스

✿ 여기에서 렌터카를 예약할 수 있습니까?

¿Podría hacer una reserva de un coche de alquiler?

뽀드리아 아세르 우나 레세르바 데 운 꼬체 데 알낄레르

✿ 콜택시 좀 불러 줄 수 있습니까?

¿Podría llamar a un taxi?

뽀드리아 야마르 아 운 딱시

Unidad 5 포터(짐꾼)를 이용할 때

✿ 짐꾼을 좀 불러 주시겠습니까?

¿Podría llamar a un porteador?

뽀드리아 야마르 아 운 뽀르떼아도르

✿ 이 짐을 옮기도록 도와 주시겠어요?

¿Puede ayudarme a llevar el equipaje?

뿌에데 아유다르메 아 예바르 엘 에끼빠헤

> ayudar 도와주다
> llevar 가지고 가다 ¿Me puede
> ayudar a llevar el equipaje?

✿ 이 짐을 버스 정류장까지 옮겨 주세요.

Lleve este equipaje hasta la parada de autobuses, por favor.

예베 에스떼 에끼빠헤 아스따 라 빠라다 데 아우또부세스 뽀르 파보르

Capítulo **03** 호텔을 이용할 때

관광대국인 스페인은 숙박시설의 종류가 아주 다양합니다. 스페인의 숙박 시설에는 hotel(호텔), hostal(모텔), 취사가 가능한 콘도형 숙박시설인 hotel apartamento, 유스 호스텔인 albergue, 그리고 스페인의 최고급 국영호텔인 parador(파라도르) 등이 있습니다. 숙소는 한국에서 출발하기 전에 예약을 해두는 것이 좋습니다. 예약할 때는 요금, 입지, 치안, 방의 형태, 설비, 체재 예정 등을 고려해서 정하도록 합시다.

| Unidad | **1** | 호텔을 예약할 때 |

✿ 방 하나 예약할 수 있습니까?

¿Puedo reservar una habitación?

뿌에도 레세르바르 우나 아비따시온

✿ 예약하고 싶습니다.

Me gustaría hacer una reserva.

메 구스따리아 아세르 우나 레세르바

✿ 오늘 밤 빈방 있습니까?

¿Tienen habitación libre esta noche?

띠에넨 아비따시온 리브레 에스따 노체

> habitación libre 빈방
> 유사표현 ¿Hay alguna habitación disponible?

✿ 어떤 방을 원하시나요?

¿Qué tipo de habitación quiere?

께 띠뽀 데 아비따시온 끼에레

✿ 싱글룸이 있나요?

¿Hay alguna habitación individual disponible?

아이 알구나 아비따시온 인디비두알 디스뽀니블레

⚙ 화장실 딸린 싱글룸을 원합니다.

Quiero una habitación individual con baño.

끼에로 우나 아비따시온 인디비두알 꼰 바뇨

⚙ 침대 두 개 있는 룸을 원합니다.

Quiero una habitación con dos camas.

끼에로 우나 아비따시온 꼰 도스 까마스

⚙ 죄송한데요, 빈방이 없습니다.

Lo siento, no hay habitación disponible.

로 시엔또 노 아이 아비따시온 디스뽀니블레

⚙ 죄송한데요, 방이 다 찼어요.

Lo siento, está todo lleno.

로 시엔또 에스따 또도 예노

⚙ 1박에 얼마입니까?

¿Cuánto cuesta una noche?

꾸안또 꾸에스따 우나 노체

⚙ 몇 박 하실 겁니까?

¿Para cuántas noches quiere?

빠라 꾸안따스 노체스 끼에레

⚙ 이 방 숙박비는 얼마입니까?

¿Cuál es la tarifa de esta habitación?

꾸알 에스 라 따리파 데 에스따 아비따시온

⚙ 더 싼 방은 없습니까?

¿No tiene habitaciones más baratas?

노 띠에네 아비따시오네스 마스 바라따스

✿ 요금에 조식이 포함되어 있나요?

¿Incluye el desayuno en la tarifa?

인끌루예 엘 데사이우노 엔 라 따리파

✿ 체크인과 체크아웃 시간이 어떻게 됩니까?

¿Cuáles son las horas de entrada y salida?

꾸알레스 쏜 라스 오라스 데 엔뜨라다 이 살리다

> ¿Cuál es la hora de check-in y check-out?라고 말해도 된다.

✿ 고속 인터넷이 됩니까?

¿Ofrecen Internet de alta velocidad?

오프레센 인떼르넷 데 알따 벨로시닫

✿ 호텔에 와이파이가 무료입니까?

¿Hay wifi gratuito en el hotel?

아이 와이파이 그라뚜이또 엔 엘 호텔

> En todas las habitaciones hay wifi y es gratis.(모든 방에 와이파이가 되고 무료입니다.)
> gratuito 무료의 gratis 무료

✿ 호텔 리셉션에서 영어를 합니까?

¿Hablan inglés en recepción?

아블란 잉글레스 엔 레셉시온

✿ 예약을 취소하고 싶습니다.

Me gustaría cancelar la reserva.

메 구스따리아 깐셀라르 라 레세르바

Unidad 2 체크인할 때

✿ 체크인을 하고 싶습니다.

Me gustaría hacer el check-in.

메 구스따리아 아세르 엘 체끄인

> hacer el check-in = registrarse 체크인하다
> 유사표현 Quiero registrarme.

✿ 지금 체크인할 수 있습니까?

¿Puedo hacer el check-in ahora?

뿌에도 아세르 엘 체끄인 아오라

✪ 예약은 하셨습니까?

¿Tiene reserva? / ¿Ha reservado una habitación?

띠에네 레세르바 / 아 레세르바도 우나 아비따시온

✪ 싱글룸 하나 예약했습니다.

Tengo una reserva de una habitación individual.

뗑고 우나 레세르바 데 우나 아비따시온 인디비두알

✪ 예약확인서는 여기 있습니다.

Aquí tiene mi comprobante de reserva.

아끼 띠에네 미 꼼쁘로반떼 데 레세르바

comprobante de reserva
예약확인서 = justificante
de la reserva.

✪ 성함을 말해 주시겠어요?

¿Me puede decir su nombre?

메 뿌에데 데시르 수 놈브레

✪ 숙박카드에 개인정보를 기입해 주세요.

Rellene esta hoja de hospedaje con sus datos personales.

레예네 에스따 오하 데 오스뻬다헤 꼰 수스 다또스 뻬르소날레스

✪ 이게 방 열쇠입니다.

Esta es la llave de la habitación.

에스따 에스 라 야베 데 라 아비따시온

llave 열쇠 Aquí tiene la llave
de la habitación.(여기 룸 열쇠
있습니다.)

✪ 귀중품을 보관해 주시겠어요?

¿Podría guardarme los objetos de valor en la caja de seguridad?

뽀드리아 구아르다르메 로스 오브헤또스 데 발로르 엔 라 까하 데 세구리닫

Unidad 3   방을 확인할 때

✪ 방을 보여 주시겠어요?

¿Puedo ver la habitación?

뿌에도 베르 라 아비따시온

✿ 전망이 좋은 방은 없습니까?

¿No hay alguna habitación con buenas vistas?

노 아이 알구나 아비따시온 꼰 부에나스 비스따스

✿ 좀 더 큰 방으로 바꿔 주시겠어요?

¿Puede cambiarme la habitación por una más grande?

뿌에데 깜비아르메 라 아비따시온 뽀르 우나 마스 그란데

✿ 방을 바꾸고 싶습니다.

Me gustaría cambiar de habitación.

메 구스따리아 깜비아르 데 아비따시온

✿ 테라스가 있는 방으로 바꿔 주실 수 있으세요?

¿Podría cambiarme la habitación por una con terraza?

뽀드리아 깜비아르메 라 아비따시온 뽀르 우나 꼰 떼라사

✿ 조용한 방을 원합니다.

Quiero una habitación tranquila.

끼에로 우나 아비따시온 뜨란낄라

> tranquilo/a 조용한
> económico/a 저렴한
> Quiero una habitación económica.
> (저렴한 방을 원합니다.)

✿ 벨보이가 방으로 안내하겠습니다.

El botones le va a acompañar a la habitación.

엘 보또네스 레 바 아 아꼼빠냐르 아 라 아비따시온

✿ 여기가 손님 방입니다.

Aquí está su habitación.

아끼 에스따 수 아비따시온

> Esta es su habitación.
> (이것이 손님 방입니다)

✿ 이 방으로 할게요.

Me quedo con esta habitación.

메 께도 꼰 에스따 아비따시온

> quedarse con
> (무엇을) 자기 것으로 하다

✿ 짐을 방까지 옮겨 주실래요?

¿Puede llevarme el equipaje a la habitación?

뿌에데 예바르메 엘 에끼빠헤 아 라 아비따시온

Unidad (4) 체크인 트러블

❁ 8시 조금 넘어서 도착할 것 같습니다. (늦을 경우)

Voy a llegar un poco después de las ocho.

보이 아 예가르 운 뽀꼬 데스뿌에스 데 라스 오초

❁ 예약을 취소하지 마세요.

No cancele mi reserva, por favor.

노 깐셀레 미 레세르바 뽀르 파보르

❁ 제 이름으로 예약이 안 되어 있다는 말씀이세요?

¿Me dice que no está reservado con mi nombre?

메 디세 께 노 에스따 레세르바도 꼰 미 놈브레

❁ 다시 한번 제 예약을 확인해 주시겠어요?

¿Puede confirmar mi reserva otra vez, por favor?

뿌에데 꼰피르마르 미 레세르바 오뜨라 베스 뽀르 파보르

Unidad (5) 룸서비스

❁ 여기는 505호실입니다.

Le llamo desde la habitación 505.

레 야모 데스데 라 아비따시온 끼니엔또스 신꼬

❁ 룸서비스입니다. 무엇을 도와 드릴까요?

Es el servicio de habitaciones. ¿En qué puedo ayudarle?

에스 엘 세르비시오 데 아비따시오네스 엔 께 뿌에도 아유다르레

❁ 룸으로 음식을 가져다 줄 수 있습니까?

¿Me pueden enviar a la habitación la comida, por favor?

메 뿌에덴 엔비아르 아 라 아비따시온 라 꼬미다 뽀르 파보르

Parte 06 | 여행과 출정에 관한 표현

✿ 모닝콜 서비스를 부탁합니다.
Quiero el servicio despertador, por favor.
끼에로 엘 세르비시오 데스뻬르따도르 뽀르 파보르

✿ 5시에 모닝콜 좀 해 주실래요?
¿Puede llamarme a las cinco para despertarme?
뿌에데 야마르메 아 라스 씽꼬 빠라 데스뻬르따르메

✿ 담요 한 개 더 갖다 주실 수 있으세요? 추워요.
¿Podría traerme otra manta? Tengo frío.
뽀드리아 뜨라에르메 오뜨라 만따 뗑고 프리오

✿ 세탁 서비스가 있습니까?
¿Hay servicio de tintorería?
아이 세르비시오 데 띤또레리아

> servicio de tintorería 세탁 서비스
> Quiero pedir el servicio de tintorería.
> (세탁 서비스를 요청하고 싶습니다.)

✿ 룸청소를 지금 좀 부탁해도 될까요?
¿Puede mandar a mi habitación al servicio de limpieza, por favor?
뿌에데 만다르 아 미 아비따시온 알 세르비시오 데 림삐에사 뽀르 파보르

Unidad **6** 외출과 호텔 시설을 이용할 때

✿ 저한테 온 메시지가 있습니까?
¿Tiene algún mensaje para mí?
띠에네 알군 멘사헤 빠라 미

> mensaje 메시지
> ¿Han dejado algún mensaje
> para mí?

✿ 담배 자판기가 있습니까?
¿Hay una máquina de tabaco?
아이 우나 마끼나 데 따바꼬

> máquina de tabaco 담배 자판기
> máquina expendedora de bebidas
> 음료 자판기
> ¿Hay máquina expendedora de café?
> (커피 자동판매기 있습니까?)

✿ 식당은 어디에 있습니까?

¿Dónde está el restaurante?

돈데 에스따 엘 레스따우란떼

✿ 아침 식사는 몇 시부터 할 수 있나요?

¿A partir de qué hora puedo desayunar?

아 빠르띠르 데 께 오라 뿌에도 데사이우나르

> a partir de ~부터
> desayunar 아침 식사하다
> 유사표현 ¿Cuál es el horario del restaurante?

✿ 이 호텔에 테니스 코트가 있습니까?

¿Tiene el hotel cancha de tenis?

띠에네 엘 오뗄 깐차 데 떼니스

> cancha de tenis 테니스 코트
> 유사표현 ¿Hay cancha de tenis en este hotel?

✿ 카페는 어디에 있습니까?

¿Dónde está la cafetería?

돈데 에스따 라 까페떼리아

✿ 바는 몇 시까지 여나요?

¿Hasta qué hora está abierto el bar?

아스따 께 오라 에스따 아비에르또 엘 바르

> 스페인의 bar는 음료, 술, 식사 등을 함께할 수 있는 여가 생활 공간이다.

✿ 바는 24시간 엽니다.

El bar está abierto 24 horas.

엘 바르 에스따 아비에르또 베인띠꽈뜨로 오라스

✿ 이메일을 보내고 싶은데요. 컴퓨터를 사용할 수 있는 곳이 있나요?

Me gustaría enviar un e-mail. ¿Tiene el hotel sala de ordenadores?

메 구스따리아 엔비아르 운 이 메일 띠에네 엘 오뗄 살라 데 오르데나도레스

✿ 방 열쇠를 보관해 주실 수 있으세요?

¿Podría guardarme la llave de la habitación?

뽀드리아 과르다르메 라 야베 데 라 아비따시온

✿ 계산은 방으로 해 주세요.

Cárguelo a mi habitación.

까르게로 아 미 아비따시온

> cargar 부과하다
> 유사표현 ¿Podría cargarlo a mi habitación?

✿ 어떤 투어 프로그램이 있습니까?

¿Qué tipo de excursiones tiene?

께 띠뽀 데 엑스꾸르시오네스 띠에네

✿ 하루 투어 프로그램이 있나요?

¿Tiene excursiones de un día?

띠에네 엑스꾸르시오네스 데 운 디아

✿ 1인당 요금은 얼마입니까?

¿Cuál es la tarifa por persona?

꾸알 에스 라 따리파 뽀르 뻬르소나

tarifa 요금 por persona 1인당
유사표현 ¿Cuánto es por persona?

Unidad **7** 호텔 이용에 관한 트러블

✿ 열쇠를 안에 두고 문을 잠가 버려서 들어갈 수가 없습니다.

Se cerró la puerta y la llave está dentro y no puedo entrar.

세 세로 라 뿌에르따 이 라 야베 에스따 덴뜨로 이 노 뿌에도 엔뜨라르

✿ 방에 열쇠를 두고 나왔습니다.

Me dejé la llave dentro.

메 데헤 라 야베 덴뜨로

✿ 방 번호를 까먹었어요.

Se me olvidó el número de habitación.

세 메 올비도 엘 누메로 데 아비따시온

ruidoso/a 시끄러운 Las personas
que hay allí, son ruidosas. (거기
있는 사람들은 시끄러워요.)

✿ 옆 방이 너무 시끄러워요.

Los de la habitación de al lado son muy ruidosos.

로스 데 라 아비따시온 데 알 라도 쏜 무이 루이도소스

😊 복도에 이상한 사람이 있습니다. 사람 좀 올려 보내 주시겠어요?

Hay una persona extraña en el pasillo. ¿Podría mandar a alguien arriba?

아이 우나 뻬르소나 엑스뜨라냐 엔 엘 빠시요 뽀드리아 만다르 아 알기엔 아리바

😊 제 방에 누구 좀 보내 주시겠어요?

¿Puede decirle a alguien que suba a mi habitación?

뿌에데 데시르레 아 알기엔 께 수바 아 미 아비따시온

😊 뜨거운 물이 안 나옵니다.

No sale el agua caliente.

노 살레 엘 아구아 깔리엔떼

> agua caliente 뜨거운 물
> grifo 수도꼭지 No funciona el grifo.(수도꼭지가 작동 안 해요.)

😊 탁자 위의 램프가 안 켜져요.

No funciona la lámpara de la mesilla.

노 풍시오나 라 람빠라 데 라 메시야

😊 변기가 작동이 되지 않습니다.

El váter no funciona.

엘 바떼르 노 풍시오나

> funcionar 작동하다 váter 변기
> No sale agua del váter.
> (변기에서 물이 안 나와요.)

😊 방이 아직 청소되어 있지 않습니다.

Todavía no han limpiado la habitación.

또다비아 노 안 림삐아도 라 아비따시온

😊 히터가 작동하지 않아요. 방이 너무 춥네요.

La calefacción no funciona. La habitación es demasiado fría.

라 깔레팍시온 노 풍시오나 라 아비따시온 에스 데마시아도 프리아

😊 지금 당장 고쳐주시겠어요?

¿Podría arreglarlo ahora mismo, por favor?

뽀드리아 아레글라르로 아오라 미스모 뽀르 파보르

✿ 침대 시트가 더러워요. 시트 좀 바꿔 주실래요?

Las sábanas están sucias. ¿Podría cambiarme las sábanas?

라스 사바나스 에스딴 수시아스 뽀드리아 깜비아르메 라스 사바나스

✿ 미니바가 비어 있습니다.

El minibar está vacío.

엘 미니바르 에스따 바시오

Unidad **8** 체크아웃을 준비할 때

✿ 체크아웃은 몇 시입니까?

¿Cuál es la hora de check-out?

꾸알 에스 라 오라 데 체끄-아웃

hora de check-out
= hora de salida 체크아웃 시간

✿ 몇 시에 방을 비우실 거예요?

¿A qué hora va a dejar la habitación?

아 께 오라 바 아 데하르 라 아비따시온

dejar la habitación 방을 비우다
¿Cuándo va a dejar la habitación?
(언제 방을 비우실 거예요?)

✿ 하룻밤 더 묵고 싶습니다.

Me gustaría quedarme una noche más.

메 구스따리아 께다르메 우나 노체 마스

✿ 하루 전에 방을 비우고 싶습니다.

Me gustaría dejar la habitación un día antes.

메 구스따리아 데하르 라 아비따시온 운 디아 안떼스

✿ 오후에 방을 비워도 됩니까?

¿Puedo dejar la habitación esta tarde?

뿌에도 데하르 라 아비따시온 에스따 따르데

✿ 오전 10시에 택시를 불러 주세요.

Llame a un taxi a las diez de la mañana, por favor.

야메 아 운 딱시 아 라스 디에스 데 라 마냐나 뽀르 파보르

Unidad 9 체크아웃할 때

☙ 체크아웃을 하고 싶습니다.
Me gustaría hacer el check-out.
메 구스따리아 아세르 엘 체끄-아웃

유사표현 Quiero hacer la salida.

☙ 열쇠를 되돌려 주시겠어요?
¿Podría devolverme la llave?
뽀드리아 데볼베르메 라 야베

☙ 벨보이 좀 보내 주세요.
Mándeme un botones, por favor.
만데메 운 보또네스 뽀르 파보르

botones 벨보이
유사표현 ¿Podría mandarme un botones?

☙ 맡긴 귀중품을 꺼내 주실 수 있으세요?
¿Puede darme mis objetos de valor que le dejé?
뿌에데 다르메 미스 오브헤또스 데 발로르 께 레 데헤

☙ 방을 비우면 짐을 맡아 주실 수 있나요?
¿Pueden guardarme el equipaje cuando deje la habitación?
뿌에덴 과르다르메 엘 에끼빠헤 꾸안도 데헤 라 아비따시온

Unidad 10 계산을 할 때

☙ 방에 물건을 두고 나왔습니다.
Se me olvidó una cosa en la habitación.
세 메 올비도 우나 꼬사 엔 라 아비따시온

☙ 계산해 주시겠어요?
¿Me cobra, por favor?
메 꼬브라 뽀르 파보르

cobrar (요금, 돈)을 받다, 징수하다
유사표현 Cóbreme, por favor.

☸ 신용카드도 됩니까?

¿Puedo pagar con la tarjeta de crédito?

뿌에도 빠가르 꼰 라 따르헤따 데 끄레디또

☸ 여행자 수표도 받습니까?

¿Aceptan los cheques de viajero?

악셉딴 로스 체께스 데 비아헤로

☸ 현금으로 지불하시겠어요, 아니면 카드로 지불하시겠습니까?

¿Quiere pagar en efectivo o con tarjeta de crédito?

끼에레 빠가르 엔 에펙띠보 오 꼰 따르헤따 데 끄레디또

☸ 계산이 틀린 것 같은데요.

Creo que hay un error en la cuenta.

끄레오 께 아이 운 에로르 엔 라 꾸엔따

☸ 이 요금은 무엇인가요?

¿Este cargo de aquí, a qué corresponde?

에스떼 까르고 데 아끼 아 께 꼬레스뽄데

> cargo 요금 corresponder 해당하다
> 유사표현 ¿Cuál es este cargo de
> aquí?(이 요금은 뭔가요?)

☸ 저는 룸서비스를 시키지 않았습니다.

Yo no pedí ningún servicio de habitación.

요 노 뻬디 닌군 세르비시오 데 아비따시온

☸ 고맙습니다. 즐겁게 보냈습니다.

Gracias. He disfrutado mucho de mi estancia.

그라시아스 에 디스프루따도 무초 데 미 에스딴시아

Capítulo **04** 식당을 이용할 때

스페인 요리는 건강한 지중해 식단으로, 전세계에서 스페인으로 식도락 여행을 많이 떠나고 있습니다. 스페인에서 가장 저렴하게 식사를 할 수 있는 방법은 오늘의 요리인 menú del día(메누 델 디아)를 주문하는 것입니다. 전채요리와 메인요리, 그리고 후식까지 푸짐하고 저렴하게 맛볼 수 있습니다. 레스토랑에 도착하면 웨이터의 안내에 따라 앉으면 되고, 웨이터를 부를 때는 ¡Oiga!(저기요!)라고 말하면 됩니다.

Unidad **1** 식당을 찾을 때

🌸

😀 뭐 먹고 싶어요?

¿Qué te gustaría comer?

께 떼 구스따리아 꼬메르

> ¿Dónde le gustaría comer?
> (어디서 드시고 싶으세요?)

😀 이 근처에 맛있게 하는 레스토랑 있습니까?

¿Hay un buen restaurante cerca de aquí?

아이 운 부엔 레스따우란떼 세르까 데 아끼

😀 이곳에 한국 레스토랑이 있어요?

¿Hay algún restaurante coreano por aquí?

아이 알군 레스따우란떼 꼬레아노 뽀르 아끼

😀 가볍게 식사를 하고 싶은데요.

Me gustaría comer algo ligero.

메 구스따리아 꼬메르 알고 리헤로

> algo ligero 가벼운 것
> picar 가볍게 먹다
> 유사표현 Quiero algo para picar.
> (가볍게 먹고 싶어요.)

😀 이 시간에 문을 연 레스토랑이 있나요?

¿Hay algún restaurante que está abierto a estas horas?

아이 알군 레스따우란떼 께 에스따 아비에르또 아 에스따스 오라스

✿ 이 레스토랑은 어디에 있나요? (책을 보이면서)

¿Dónde está este restaurante?

돈데 에스따 에스떼 레스따우란떼

✿ 레스토랑이 많은 곳은 어디입니까?

¿Dónde está la zona principal de restaurantes?

돈데 에스따 라 소나 쁘린시빨 데 레스따우란떼스

✿ 어디 특별히 마음에 둔 레스토랑이 있나요?

¿Hay algún restaurante que tengas pensado?

아이 알군 레스따우란떼 께 뗑가스 뻰사도

Unidad 2 식당을 예약할 때

✿ 예약이 필요한가요?

¿Se necesita hacer una reserva?

세 네세시따 아세르 우나 레세르바

✿ 예약 부탁합니다.

Quiero reservar una mesa, por favor.

끼에로 레세르바르 우나 메사 뽀르 파보르

✿ 여기에서 예약할 수 있나요?

¿Puedo reservar una mesa aquí?

뿌에도 레세르바르 우나 메사 아끼

✿ 8시에 5명 예약하고 싶은데요.

Me gustaría reservar una mesa para cinco personas a las ocho.

메 구스따리아 레세르바르 우나 메사 빠라 씽꼬 뻬르소나스 아 라스 오초

✿ 성함이 어떻게 되시죠?

¿Cómo se llama?

꼬모 세 야마

유사표현 Su nombre, por favor.
(성함 부탁합니다.)

✿ 몇 시로 예약해 드릴까요?

¿A qué hora?

아 께 오라

✿ 금연석으로 부탁합니다.

Quiero la mesa de no fumadores, por favor.

끼에로 라 메사 데 노 푸마도레스 뽀르 파보르

✿ 테라스에 앉고 싶습니다.

Preferiría sentarme en la terraza.

쁘레페리리아 센따르메 엔 라 떼라사

sentarse 앉다 terraza 테라스
유사표현 Prefiero la terraza, por favor.

Unidad 3 식당에 들어설 때

✿ 누구 이름으로 예약하셨나요?

¿A nombre de quién ha reservado?

아 놈브레 데 끼엔 아 레세르바도

nombre 이름 quién 누구
¿A nombre de quién está hecha
la reserva?

✿ 몇 분이세요?

¿Para cuántas personas?

빠라 꾸안따스 뻬르소나스

✿ 3명을 위한 테이블 부탁합니다.

Necesitamos una mesa para tres personas.

네세시따모스 우나 메사 빠라 뜨레스 뻬르소나스

✿ 예약은 하지 않았습니다.

No he reservado.

노 에 레세르바도

No tengo reserva.라고
말해도 된다.

✿ 지금 자리가 다 찼는데요.

Ahora está todo ocupado.

아오라 에스따 또도 오꾸빠도

ocupado 자리가 찬
disponible 사용 가능한
유사표현 Ahora no hay mesas disponibles.

✿ 얼마나 기다려야 합니까?

¿Cuánto tiempo tenemos que esperar?

꾸안또 띠엠뽀 떼네모스 께 에스뻬라르

Unidad 4 음식을 주문 받을 때

✿ 주문 받아도 될까요? (준비되셨어요?)

¿Ya sabe qué va a pedir?

야 사베 께 바 아 뻬디르

ya 이제 pedir 주문하다
¿Ya sabe qué va a tomar?
라고 말해도 된다.

✿ 마실 것은 무엇을 드릴까요?

¿Qué quiere para beber?

께 끼에레 빠라 베베르

✿ 전채 요리로는 수프와 샐러드가 있어요. 어느 것으로 드릴까요?

De primero hay sopa y ensalada. ¿Qué le gustaría?

데 쁘리메로 아이 소빠 이 엔살라다   께 레 구스따리아

✿ 메인 요리는 돼지갈비 스테이크와 치킨구이 중에서 어느 것을 원하세요?

¿De segundo qué prefiere, chuleta de cerdo o pollo asado?

데 세군도 께 쁘레피에레   출레따 데 세르도 오 뽀요 아사도

✿ 고기는 어떻게 해 드릴까요? 미디움으로 아니면 잘 익혀 드릴까요?

¿Cómo quiere la carne? ¿Al punto o bien hecha?

꼬모 끼에레 라 까르네   알 뿐또 오 비엔 에차

✿ 디저트는 뭐로 하시겠어요?

De postre, ¿que le gustaría tomar?

데 뽀스뜨레   께 레 구스따리아 또마르

고기의 익힌 정도에 따라 다음과
같이 나뉜다. poco hecha 덜 익힌
al punto 미디움 muy hecha 잘 익힌

✿ 더 필요하신 건 없으신가요?

¿Quiere tomar algo más?

끼에레 또마르 알고 마스

244

Unidad **5** 음식을 주문할 때

✿ 메뉴판 좀 갖다 주실래요?

¿Me puede traer la carta, por favor?

메 뿌에데 뜨라에르 라 까르따 뽀르 파보르

> La carta, por favor.(메뉴판 좀 부탁합니다.)라고 말해도 된다.

✿ 먼저 메뉴 좀 봐도 될까요?

¿Puedo mirar la carta primero, por favor?

뿌에도 미라르 라 까르따 쁘리메로 뽀르 파보르

✿ 잠시 후에 주문해도 될까요?

¿Le puedo pedir un poco más tarde, por favor?

레 뿌에도 뻬디르 운 뽀꼬 마스 따르데 뽀르 파보르

✿ 어떤 요리를 추천하시겠어요?

¿Qué me recomienda?

께 메 레꼬미엔다

> recomendar 추천하다
> 유사표현 ¿Alguna recomendación?

✿ 레스토랑의 전문 요리는 무엇입니까?

¿Cuál es la especialidad del restaurante?

꾸알 에스 라 에스뻬시알리닫 델 레스따우란떼

✿ 오늘의 특별 요리는 뭐죠?

¿Cuál es el plato especial del día?

꾸알 에스 엘 쁠라또 에스뻬시알 델 디아

▪ 순례자 길, 메누 델 디아

✿ 음료는 맥주로 주세요.

Para beber, quiero cerveza.

빠라 베베르 끼에로 세르베사

✿ 전채 요리는 샐러드로 주세요.

De primero, quiero ensalada.

데 쁘리메로 끼에로 엔살라다

> de primero 전채요리는
> ensalada 샐러드
> 유사표현 De primero, tomaré la ensalada.
> (전채는 샐러드 먹을게요.)

✿ 메인 요리는 돼지갈비 스테이크로 주세요.
De segundo, quiero chuleta de cerdo.
데 세군도 끼에로 출레따 데 세르도

De segundo 메인 요리는 chuleta
de cerdo 돼지 갈비 스테이크
유사표현 De segundo,
me pone chuleta de cerdo.

✿ 후식은 바닐라 아이스크림으로 주세요.
De postre, quiero helado de vainilla.
데 뽀스뜨레 끼에로 엘라도 데 바이니야

Unidad **6** 먹는 법과 재료를 물을 때

✿ 이거 먹는 법 좀 가르쳐 주시겠어요?
¿Podría decirme cómo se come esto?
뽀드리아 데시르메 꼬모 세 꼬메 에스또

■ 오징어 먹물 파에야

✿ 이건 어떻게 먹으면 되나요?
¿Cómo se puede comer esto?
꼬모 세 뿌에데 꼬메르 에스또

✿ 이 고기는 무슨 고기인가요?
¿Qué carne es esta?
께 까르네 에스 에스따

carne 고기
유사표현 ¿Qué tipo de carne es?

✿ 이 요리는 어떤 재료가 들어가나요?
¿Qué ingredientes lleva este plato?
께 인그레디엔떼스 예바 에스떼 쁠라또

llevar (음식 재료)가 들어가다
ingrediente 재료 Lleva mucha sal.
(소금이 많이 들어가 있어요.)

Unidad **7** 필요한 것을 부탁할 때

✿ 빵 좀 더 갖다 주실래요?
¿Puede traerme más pan, por favor?
뿌에데 뜨라에르메 마스 빤 뽀르 파보르

✿ 물 한 잔 주세요.

Quiero un vaso de agua, por favor.

끼에로 운 바소 데 아구아 뽀르 파보르

un vaso de agua 물 한 잔
유사표현 ¿Me da un vaso de agua?

✿ 포크를 떨어뜨렸습니다. 한 개만 더 갖다 주시겠어요?

Se me ha caído el tenedor. ¿Me puede traer otro?

세 메 아 까이도 엘 떼네도르 메 뿌에데 뜨라에르 오뜨로

✿ 냅킨 좀 갖다 주시겠어요?

¿Puede traerme unas servilletas?

뿌에데 뜨라에르메 우나스 세르비예따스

servilletas 냅킨, Unas ervilletas,
por favor.(냅킨 좀 부탁합니다.)

✿ 테이블 좀 치워 주시겠어요?

¿Podría recoger la mesa, por favor?

뽀드리아 레꼬헤르 라 메사 뽀르 파보르

✿ 테이블 좀 닦아 주시겠어요?

¿Podría limpiar la mesa, por favor?

뽀드리아 림삐아르 라 메사 뽀르 파보르

✿ 소금은 빼 주세요.

Sin sal, por favor.

신 살 뽀르 파보르

sin ~없이 sal 소금
Poca sal, por favor.
(소금을 적게 넣어 주세요.)

Unidad 8   주문에 문제가 있을 때

✿ 아직 시간이 많이 걸립니까?

¿Todavía tardará más para traerme el pedido?

또다비아 따르다라 마스 빠라 뜨라에르메 엘 뻬디도

✿ 주문한 음식이 아직 안 나왔어요.

Todavía no me han traído el pedido.

또다비아 노 메 안 뜨라이도 엘 뻬디도

✿ 주문한 것은 어떻게 된 거죠? 음식이 안 나왔어요.

¿Qué pasa con nuestro pedido? Todavía no ha salido la comida.

께 빠사 꼰 누에스뜨로 뻬디도   또다비아 노 아 살리도 라 꼬미다

✿ 이건 주문하지 않았는데요.

Esto no lo he pedido yo.

에스또 노 로 에 뻬디도 요

■ 파에야

Unidad **9** 음식에 문제가 있을 때

✿ 음식에 이상한 게 들어 있는 것 같아요.

Creo que en el plato hay algo extraño.

끄레오 께 엔 엘 쁠라또 아이 알고 엑스뜨라뇨

✿ 음식이 식었어요. 따뜻하게 해 주실래요?

La comida se ha enfriado. ¿Puede calentarla?

라 꼬미다 세 아 엔프리아도   뿌에데 깔렌따르라

✿ 이 고기가 잘 익지 않았는데요.

Esta carne no está bien hecha.

에스따 까르네 노 에스따 비엔 에차

✿ 고기를 좀 더 구워 주시겠어요?

¿Podría asar la carne un poco más?

뽀드리아 아사르 라 까르네 운 뽀꼬 마스

> asar 굽다 un poco más 좀 더
> 유사표현 ¿Podría hacer la carne un poco más?

✿ 이 우유 맛이 이상합니다.

Esta leche sabe muy rara.

에스따 레체 사베 무이 라라

> saber (맛이 어떠하게)나다
> raro/a 이상한 Sabe muy mal.
> (맛이 아주 없어요.)

✿ 음식이 상한 것 같아요.

La comida parece que está en mal estado.

라 꼬미다 빠레세 께 에스따 엔 말 에스따도

> La comida está pasada.
> (음식이 상했어요.)

✿ 컵이 더러워요. 다른 컵 하나 갖다 주실래요?

Este vaso está sucio. ¿Me trae otro vaso, por favor?

에스떼 바소 에스따 수시오 메 뜨라레 오뜨로 바소 뽀르 파보르

✿ 음식이 싱거워요. 소금 좀 더 넣어 주실래요?

La comida está sosa. ¿Puede echar un poco más de sal?

라 꼬미다 에스따 소사 뿌에데 에차르 운 뽀꼬 마스 데 살

유사표현 La comida está incípida.
(싱거워요.)

Unidad **10** 주문을 바꾸거나 취소할 때

✿ 주문을 변경해도 될까요?

¿Puedo cambiar mi pedido?

뿌에도 깜비아르 미 뻬디도

cambiar 변경하다 pedido 주문
Me gustaría cambiar mi pedido.
(주문을 변경하고 싶은데요.)

✿ 주문을 취소하고 싶은데요.

Me gustaría cancelar mi pedido.

메 구스따리아 깐셀라르 미 뻬디도

Unidad **11** 음식의 맛을 평가할 때

✿ 오늘 음식이 맛있었나요?

¿Le ha gustado la comida del día de hoy?

레 아 구스따도 라 꼬미다 델 디아 데 오이

✿ 오늘 음식을 맛있게 드셨나요?

¿Ha disfrutado la comida de hoy?

아 디스프루따도 라 꼬미다 데 오이

■ 핀초스

✿ 음식을 정말 맛있게 먹었습니다.

He disfrutado muchísimo la comida.

에 디스프루따도 무치시모 라 꼬미다

✿ 음식 정말 좋았습니다.

Me ha gustado mucho la comida.

메 아 구스따도 무초 라 꼬미다

✿ 정말 맛있습니다.

Está riquísimo(a).

에스따 리끼시모(마)

> 유사표현 Está buenísimo(a),
> Está delicioso(a), Está sabroso(a).

✿ 제가 먹어 본 것 중 최고네요.

Es la mejor comida que he probado nunca.

에스 라 메호르 꼬미다 께 에 쁘로바도 눈까

✿ 음식이 제 입맛에 딱 맞아요.

Su comida está exactamente a mi gusto.

수 꼬미다 에스따 엑삭따멘떼 아 미 구스또

> a mi gusto 내 취향의
> 유사표현 Su comida está
> exactamente como me gusta.

✿ 저한테는 음식이 조금 짠 것 같아요.

Para mi gusto, la comida está un poco salada.

빠라 미 구스또 라 꼬미다 에스따 운 뽀꼬 살라다

Unidad 12 디저트를 주문할 때

✿ 디저트 주문하시겠어요?

¿Quiere algo de postre?

끼에레 알고 데 뽀스뜨레

✿ 디저트에는 뭐가 있나요?

¿Qué hay de postre?

께 아이 데 뽀스뜨레

■ 추러스

✿ 아이스크림과 달걀 푸딩이 있습니다.

Hay helados y flan de huevo.

아이 엘라도스 이 플란 데 우에보

> 푸딩에는 flan de huevo(계란
> 푸딩), flan de vainilla(바닐라
> 푸딩), flan de café(카페 푸딩)
> 등의 다양한 종류가 있다.

☸ 아이스크림은 어떤 맛이 있나요?

¿Qué sabores tienen los helados?

께 사보레스 띠에넨 로스 엘라도스

sabor 맛 helado 아이스크림
유사표현 ¿De qué sabores son los helados?

☸ 딸기 맛 아이스크림으로 주세요.

Quiero helado de fresa, por favor.

끼에로 엘라도 데 프레사 뽀르 파보르

☸ 전 라이스 푸딩을 먹을게요.

Voy a tomar arroz con leche.

보이 아 또마르 아로스 꼰 레체

arroz con leche 라이스 푸딩
(밥과 우유를 섞어 발효시켜
만든 스페인 대표 후식)

Unidad **13** 식비를 계산할 때

☸ 계산서를 부탁합니다.

La cuenta, por favor.

라 꾸엔따 뽀르 파보르

☸ 계산서 좀 갖다 주실래요?

¿Me traes la cuenta, por favor?

메 뜨라에스 라 꾸엔따 뽀르 파보르

☸ 지금 지불할까요?

¿Le pago ahora?

레 빠고 아오라

☸ 계산할게요. 얼마예요?

Cóbreme, por favor. ¿Cuánto es?

꼬브레메 뽀르 파보르 꾸안또 에스

cobrar 돈을 받다, 웨이터와 친한
사이라면 Cóbrame, por favor.
라고 말하면 된다.

☸ 각자 계산합시다.

Pagamos a escote.

빠가모스 아 에스꼬떼

pagar a escote 같은 등분으로
나누어 계산하다(스페인 구어체)
Pagamos a pachas.

✿ 봉사료와 부과세는 포함되어 있나요?
¿Están incluidos el servicio y el IVA?
에스딴 인끌루이도스 엘 세르비시오 이 엘 이바

✿ 계산서가 잘못된 것 같아요. (더 부과된 것 같아요.)
Creo que me han cobrado de más.
끄레오 께 메 안 꼬브라도 데 마스

> cobrar de más 더 부과하다,
> Parece que la cuenta tiene un error.
> (계산서에 문제가 있는 거 같아요.)

✿ 오늘은 제가 살게요.
Hoy te invito yo.
오이 떼 인비또 요

✿ 제가 이미 계산했어요.
Ya lo he pagado yo.
야 로 에 빠가도 요

> pagar 돈을 내다
> 유사표현 Ya pagué yo.

Unidad 14 패스트푸드점에서

✿ 주문하시겠어요?
¿Quiere pedir?
끼에레 뻬디르

> El siguiente, por favor.
> (다음분요.)

✿ 뭐 드실 거예요?
¿Qué le pongo?
께 레 뽕고

> 유사표현 ¿Qué quiere tomar?

✿ 2번 메뉴로 할게요.
Pediré el número dos.
뻬디레 엘 누메로 도스

> 간단하게 El número dos, por
> favor.라고만 말해도 된다.

✿ 어떤 사이즈로 하시겠습니까?
¿De qué tamaño lo quiere?
데 께 따마뇨 로 끼에레

✿ 작은 사이즈로 할게요.

Tamaño pequeño.

따마뇨 뻬께뇨

tamaño 사이즈 pequeño 작은
Tamaño grande, por favor.
(빅 사이즈로 부탁해요.)

✿ 마실 것은요?

¿Algo para beber?

알고 빠라 베베르

✿ 여기에서 드실 건가요, 테이크 아웃 하실 건가요?

¿Para tomar aquí o para llevar?

빠라 또마르 아끼 오 빠라 예바르

✿ 테이크 아웃할 겁니다.

Para llevar, por favor.

빠라 예바르 뽀르 파보르

✿ 식초는 빼 주세요.

Sin vinagre, por favor.

신 비나그레 뽀르 파보르

sin ~가 없이 vinagre 식초
Sin mayonesa, por favor.
(마요네즈는 빼주세요.)

■ 스페인 샌드위치, 보카디요

■ Pans Company

Capítulo 05 관광을 할 때

스페인은 대도시 뿐만 아니라 작은 마을에도 관광 안내소인 Oficina de turismo를 쉽게 찾을 수 있습니다. 관광 안내소의 표시는 ⓘ로 되어 있습니다. 무료로 도시 지도, 버스 노선표, 숙박시설, 유명 레스토랑 및 관광명소에 관한 정보를 얻을 수 있습니다. 미술관이나 박물관은 휴관일이 서로 다르고 무료로 관람 가능한 요일 또는 시간대가 있으니 꼭 확인하고 스케줄을 잡는 게 좋습니다.

Unidad 1 관광 안내소에서

✿ 관광 안내소는 어디에 있습니까?
¿Dónde está la oficina de turismo?
돈데 에스따 라 오피시나 데 뚜리스모

✿ 관광 안내 책자를 하나 주시겠어요?
¿Me puede dar un folleto turístico, por favor?
메 뿌에데 다르 운 포예또 뚜리스띠꼬 뽀르 파보르

✿ 시내지도 있습니까?
¿Tienen un plano de la ciudad?
띠에넨 운 쁠라노 데 라 시우닫

plano 도시지도 guía 안내책자
¿Tienen una guía turística?
(관광 안내책자 있어요?)

✿ 여기에서 볼만할 곳을 좀 추천해 주시겠어요?
¿Puede recomendarme algunos lugares de interés por aquí?
뿌에데 레꼬멘다르메 알구노스 루가레스 데 인떼레스 뽀르 아끼

✿ 당일치기로 어디에 갈 수 있나요?
¿Qué puedo visitar en un día de tour?
께 뿌에도 비시따르 엔 운 디아 데 뚜르

✪ 여기에서 입장권을 살 수 있나요?

¿Puedo comprar las entradas aquí?

뿌에도 꼼쁘라르 라스 엔뜨라다스 아끼

✪ 할인 티켓은 있나요?

¿Hay entradas de oferta?

아이 엔뜨라다스 데 오페르따

✪ 벼룩시장 같은 것은 있나요?

¿Hay algún mercadillo interesante para visitar?

아이 알군 메르까디요 인떼레산떼 빠라 비시따르

✪ 시내로 가려면 걸어서 갈 수 있나요?

¿Puedo llegar al centro a pie?

뿌에도 예가르 알 센뜨로 아 삐에

> a pie = andando 걸어서
> 유사표현 ¿Puedo llegar andando?
> (걸어서 갈 수 있나요?)

✪ 이 근처에 있는 호텔 정보를 알고 싶은데요.

Me gustaría tener información de los hoteles que hay por aquí.

메 구스따리아 떼네르 인포르마시온 데 로스 오뗄레스 께 아이 뽀르 아끼

✪ 근처 값싸고 괜찮은 호텔 하나만 추천해 주실래요?

¿Me puede recomendar algún hotel barato y bueno cerca de aquí?

메 뿌에데 레꼬멘다르 알군 오뗄 바라또 이 부에노 세르까 데 아끼

✪ 지금 이 도시에서 축제하고 있나요?

¿Hay algún festival ahora en esta ciudad?

아이 알군 페스띠발 아오라 엔 에스따 시우닫

✪ 버스 티켓은 어디에서 살 수 있어요?

¿Dónde puedo comprar el billete de autobús?

돈데 뿌에도 꼼쁘라르 엘 비예떼 데 아우또부스

✪ 레이나 소피아 미술관은 어떻게 가나요?

¿Cómo puedo ir al Museo Reina Sofía?

꼬모 뿌에도 이르 알 무세오 레이나 소피아

> ¿Cómo puedo ir a ~ 어떻게 ~로 갈 수 있나
> 요? ¿Cómo puedo ir a la Plaza Mayor?(마
> 요르 광장은 어떻게 가나요?)

✿ 아토차 역은 얼마나 머나요?

¿A qué distancia se encuentra la Estación de Atocha?

아 께 디스딴시아 세 엔꾸엔뜨라 라 에스따시온 데 아또차

Unidad 2 투어를 이용할 때

✿ 도시 투어는 어떤 것들을 할 수 있나요?

¿Qué tipo de tours puedo hacer?

께 띠뽀 데 뚜어스 뿌에도 아세르

> tours = excursiones 투어
> 유사표현 ¿Qué tipo de
> excursiones puedo hacer?

✿ 관광버스 투어는 있나요?

¿Tiene el programa del bus turístico?

띠에네 엘 쁘로그라마 델 부스 뚜리스띠꼬

✿ 시티투어버스 주요 경로는 어떻게 되나요?

¿Cuál es la ruta principal del bus turístico?

꾸알 에스 라 루따 쁘린시빨 델 부스 뚜리스띠꼬

✿ 오전 투어는 있나요?

¿Hay alguna excursión por la mañana?

아이 알구나 엑스꾸르시온 뽀르 라 마냐나

✿ 야간투어는 있나요?

¿Hay alguna excursión nocturna?

아이 알구나 엑스꾸르시온 녹뚜르나

✿ 투어는 몇 시간 걸리나요?

¿Cuánto tiempo tardará la excursión?

꾸안또 띠엠뽀 따르다라 라 엑스꾸르시온

> ¿Cuánto tiempo se tarda en la
> excursión?라고 말해도 된다.

✿ 식사가 포함되어 있나요?

¿Está incluida la comida?

에스따 인끌루이다 라 꼬미다

✿ 투어 일정은 어떻게 되나요?

¿Cuál es el itinerario de la excursión?

꾸알 에스 엘 이띠네라리오 데 라 엑스꾸르시온

✿ 몇 시에 출발하나요?

¿A qué hora sale?

아 께 오라 살레

▪ 시티투어 버스

✿ 어디에서 출발하나요?

¿De dónde sale?

데 돈데 살레

¿Desde dónde sale?
라고 말해도 된다.

✿ 몇 시에 돌아오나요?

¿A qué hora vamos a volver?

아 께 오라 바보스 아 볼베르

✿ 한국어 가이드는 있나요?

¿Hay algún guía coreano?

아이 알군 기아 꼬레아노

✿ 투어 비용은 얼마인가요?

¿Cuánto cuesta la excursión?

꾸안또 꾸에스따 라 엑스꾸르시온

tarifa 요금
유사표현 ¿Cuál es la tarifa de la excursión?

Unidad 3 관광버스 안에서

✿ 지금 어디로 가고 있나요?

¿Ahora a dónde vamos?

아오라 아 돈데 바모스

✿ 다음 목적지까지 얼마나 걸리나요?

¿Cuánto tiempo va a tardar hasta el próximo destino?

꾸안또 띠엠뽀 바 아 따르다르 아스따 엘 쁘록시모 데스띠노

🔹 저것은 뭔가요?

¿Qué es aquello?

께 에스 아께요

가까운 것을 가리키며
¿Qué es esto?(이것은 뭔가요?)

🔹 저것은 무슨 강이죠?

¿Cómo se llama aquel río?

꼬모 세 야마 아껠 리오

🔹 차 안에 화장실이 있나요?

¿Hay baño en el autobús?

아이 바뇨 엔 엘 아우또부스

🔹 여기에서 얼마나 머무나요?

¿Cuánto tiempo nos quedamos aquí?

꾸안또 띠엠뽀 노스 께다모스 아끼

▪ 레티로 공원

🔹 시간은 어느 정도 있나요?

¿Cuánto tiempo tenemos disponible?

꾸안또 띠엠뽀 떼네모스 디스뽀니블레

🔹 몇 시까지 버스로 돌아오면 되나요?

¿Hasta qué hora tenemos que volver?

아스따 께 오라 떼네모스 께 볼베르

¿Hasta que hora podemos volver?
라고 말해도 된다.

Unidad **4** 입장료를 구입할 때

🔹 티켓은 어디에서 살 수 있나요?

¿Dónde puedo comprar las entradas?

돈데 뿌에도 꼼쁘라르 라스 엔뜨라다스

🔹 입장료는 얼마입니까?

¿Cuánto es la entrada?

꾸안또 에스 라 엔뜨라다

entrada 입장료, 입장권
유사표현 ¿Cuánto cuesta la entrada?

😊 어른 두 장, 어린이 한 장 부탁합니다.

Dos adultos y un niño, por favor.

도스 아둘또스 이 운 니뇨 뽀르 파보르

😊 학생 두 장 주세요.

Dos estudiantes, por favor.

도스 에스뚜디안떼스 뽀르 파보르

😊 단체할인이 되나요?

¿Hay descuento por ser grupo?

아이 데스꾸엔또 뽀르 세르 그루뽀

descuento 할인 grupo 그룹
유사표현 ¿Hay descuento para grupo?

😊 오늘은 입장료가 무료입니다.

Hoy la entrada es gratuita.

오이 라 엔뜨라다 에스 그라뚜이따

Unidad 5 관광지에서

😊 정말 아름다운 경치이군요!

¡Qué precioso el paisaje!

께 쁘레시오소 엘 빠이사헤

😊 전망이 정말 멋지군요!

¡Qué vista tan maravillosa!

께 비스따 딴 마라비요사

vista 전망 maravillosa 멋진
유사표현 ¡Qué buenas vistas!
(전망 참 좋다!)

😊 저 조각상은 뭐죠?

¿Qué es aquella estatua?

께 에스 아께야 에스따뚜아

😊 이게(저게) 뭐죠?

¿Qué es esto(eso / aquello)?

께 에스 에스또(에소 / 아께요)

■ 바르셀로나 콜럼버스 동상

259

✿ 저게 뭔지 아세요?
¿Sabe qué es aquello?
사베 께 에스 아께요

■ 세고비아 로마 수도교

✿ 저 건물은 무엇입니까?
¿Qué es aquel edificio?
께 에스 아껠 에디피시오

✿ 언제 세워졌죠?
¿Cuándo se construyó?
꾸안도 세 꼰스뜨루요

construir 건설하다
유사표현 ¿Cuándo fue construido(a)?

✿ 화장실은 어디에 있습니까?
¿Dónde está el baño?
돈데 에스따 엘 바뇨

화장실의 또 다른 어휘들도 함께
알아 두자. lavabo, servicio, aseo

✿ 퍼레이드는 언제 시작하나요?
¿Cuándo empieza el desfile?
꾸안도 엠삐에사 엘 데스필레

Unidad 6 관람을 할 때

✿ 이 티켓으로 모든 전시를 볼 수 있나요?
¿Puedo ver todas las exposiciones con esta entrada?
뿌에도 베르 또다스 라스 엑스뽀시시오네스 꼰 에스따 엔뜨라다

✿ 무료 팸플릿 있습니까?
¿Hay algún folleto gratuito?
아이 알군 포예또 그라뚜이또

✿ 소지품 보관하는 장소가 있나요?
¿Tienen algún lugar para guardar las pertenencias?
띠에넨 알군 루가르 빠라 과르다르 라스 뻬르떼넨시아스

💢 안내 가이드가 있습니까? (사람)

¿Hay algún guía?

아이 알군 기아

¿Tiene alguna guía?
(오디오 또는 팸플릿일 경우)

💢 프라도 박물관 오늘 여나요?

¿Hoy abre el Museo del Prado?

오이 아브레 엘 무세오 델 쁘라도

💢 오늘 표는 아직 있습니까?

¿Todavía hay entradas disponibles para el día de hoy?

또다비아 아이 엔뜨라다스 디스뽀니블레스 빠라 엘 디아 데 오이

💢 가장 좋은 자리로 줄 수 있나요?

¿Puede darme el mejor asiento, por favor?

뿌에데 다르메 엘 메호르 아시엔또 뽀르 파보르

💢 같이 앉을 수 있는 좌석을 주실래요?

¿Puede darme los asientos juntos?

뿌에데 다르메 로스 아시엔또스 훈또스

asiento 좌석 juntos 같이, 함께
유사표현 ¿Podemos sentarnos
juntos?(저희 같이 앉을 수 있나요?)

💢 제 자리를 좀 찾아줄 수 있나요?

¿Podría indicarme dónde está mi asiento, por favor?

뽀드리아 인디까르메 돈데 에스따 미 아시엔또 뽀르 파보르

💢 축구경기가 몇 시에 시작하죠?

¿A qué hora empieza el partido de fútbol?

아 께 오라 엠삐에사 엘 빠르띠도 데 풋볼

💢 기념품 가게는 어디에 있나요?

¿Dónde está la tienda de souvenir?

돈데 에스따 라 띠엔다 데 수베니르

souvenir = recuerdos 기념품
유사표현 ¿Dónde está la tienda
de recuerdos?

💢 출구는 어디에 있습니까?

¿Dónde está la salida?

돈데 에스따 라 살리다

salida 출구 entrada 입구
¿Dónde está la entrada?
(입구는 어디입니까?)

261

✿ 표를 보여 주시겠어요?

¿Me puede enseñar su entrada, por favor?

메 뿌에데 엔세냐르 수 엔뜨라다 뽀르 파보르

Su ticket, por favor.
(티켓 주세요.)

Unidad 7 사진 촬영을 허락 받을 때

✿ 여기에서 사진을 찍어도 되나요?

¿Puedo sacar fotos aquí?

뿌에도 사까르 포또스 아끼

sacar fotos 사진 찍기
유사표현 ¿Le importa que haga una foto aquí?

✿ 플래시를 터뜨려도 되나요?

¿Puedo usar el flash?

뿌에도 우사르 엘 플라시

✿ 여기에서 비디오 촬영을 해도 될까요?

¿Puedo grabar aquí?

뿌에도 그라바르 아끼

grabar 촬영하기
유사표현 ¿Le importa que grabe aquí?

✿ 이 집을 사진 좀 찍어도 될까요? 집이 참 예쁘군요.

¿Le importa que le haga una foto a su casa? Es muy bonita.

레 임뽀르따 께 레 아가 우나 포또 아 수 까사 에스 무이 보니따

✿ 저와 함께 사진 찍으시겠어요?

¿Le gustaría hacerse una foto conmigo?

레 구스따리아 아세르세 우나 포또 꼰미고

Unidad 8 사진 촬영을 부탁할 때

✿ 제 사진 좀 찍어 주시겠어요?

¿Podría sacarme una foto?

뽀드리아 사까르메 우나 포또

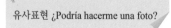
유사표현 ¿Podría hacerme una foto?

✿ 사진 한 장 찍어 줄래요?

¿Me saca una foto, por favor?

메 사까 우나 포또 뽀르 파보르

간단하게 Una foto, por favor.
라고만 말해도 된다.

✿ 한 장 더 부탁합니다.

Una más, por favor.

우나 마스 뽀르 파보르

✿ 이 버튼을 눌러서 찍으시면 됩니다.

Presione este botón para hacer la foto.

쁘레시오네 에스떼 보똔 빠라 아세르 라 포또

presionar = pulsar 누르다 botón 버튼
유사표현 Tiene que pulsar este botón.

✿ 배경이 나오게 해 주세요.

Que salga el paisaje del fondo, por favor.

께 살가 엘 빠이사헤 델 폰도 뽀르 파보르

✿ 세로로 하나 찍어 주세요.

Sáqueme una foto en vertical, por favor.

사께메 우나 포또 엔 베르띠깔 뽀르 파보르

✿ 플래시는 터뜨리지 마세요.

No encienda el flash, por favor.

노 엔시엔다 엘 플라시 뽀르 파보르

• 톨레도 골목

Unidad 9 사진에 대해 말할 때

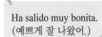

✿ 사진이 참 잘 나왔어.

Ha salido muy bien la foto.

아 살리도 무이 비엔 라 포또

Ha salido muy bonita.
(예쁘게 잘 나왔어.)

✿ 넌 참 사진을 잘 찍는구나.

Haces muy buenas fotos.

아세스 무이 부에나스 포또스

Capítulo **06** 쇼핑을 할 때

스페인의 바겐세일(Rebajas)은 7~8월과 1~2월에 각각 한 번씩 있습니다. 가게에 들어가면 점원에게 가볍게 ¡Hola!라고 인사를 합시다. 점원이 ¿Le puedo ayudar?(뭐 찾는 거 있으세요?)라고 물었을 때 살 마음이 없는 경우에는 Solo estoy mirando.(그냥 둘러볼게요.)라고 대답합니다. 말을 걸었는데 대답을 하지 않거나 무시하는 것은 상대에게 실례가 됩니다.

Unidad **1** 쇼핑센터를 찾을 때

🌸 쇼핑센터는 어디에 있습니까?

¿Dónde está el centro comercial?

돈데 에스따 엘 센뜨로 꼬메르시알

🌸 쇼핑할 만한 곳을 추천해 주시겠어요?

¿Me puede recomendar algún lugar para ir de compras?

메 뿌에데 레꼬멘다르 알군 루가르 빠라 이르 데 꼼쁘라스

🌸 이 도시의 쇼핑가는 어디에 있나요?

¿Dónde está la zona de compras en esta ciudad?

돈데 에스따 라 쏘나 데 꼼쁘라스 엔 에스따 시우닫

🌸 기념품은 어디에서 살 수 있나요?

¿Dónde puedo comprar algún recuerdo?

돈데 뿌에도 꼼쁘라르 알군 레꾸에르도

> 유사표현 ¿Dónde puedo comprar algún souvenir?

🌸 면세점이 있나요?

¿Hay tiendas libres de impuestos?

아이 띠엔다스 리브레스 데 임뿌에스또스

✿ 실례합니다. 백화점은 어디에 있나요?
Perdone. ¿Dónde está el Corte Inglés?
뻬르도네 돈데 에스따 엘 꼬르떼 잉글레스

스페인 백화점은
El Corte Inglés라고 한다.

✿ 화장품 가게를 찾고 있어요.
Estoy buscando una perfumería.
에스또이 부스깐도 우나 뻬르푸메리아

✿ 이 주변에 할인점이 있나요?
¿Hay alguna tienda de ofertas cerca de aquí?
아이 알구나 띠엔다 데 오페르따스 세르까 데 아끼

■ 엘 코르테 잉글레스

Unidad	**2**	매장을 찾을 때

✿ 안내 데스크는 어디인가요?
¿Dónde está la mesa de información?
돈데 에스따 라 메사 데 인포르마시온

✿ 장난감은 어디에서 파나요?
¿Dónde venden juguetes para los niños?
돈데 벤덴 후게떼스 빠라 로스 니뇨스

✿ 남성의류는 몇 층에 있나요?
¿En qué piso hay ropa de hombre?
엔 께 삐소 아이 로빠 데 옴브레

ropa de hombre 남성의류
ropa de mujer 여성의류
유사표현 ¿En qué piso está la
ropa de hombre?

✿ 가장 가까운 슈퍼마켓은 어디에 있나요?
¿Dónde está el supermercado más cercano?
돈데 에스따 엘 수뻬르메르까도 마스 세르까노

✿ 세일은 어디에서 하고 있습니까? (백화점 안에서)
¿En qué departamento están de rebajas?
엔 께 데빠르따멘또 에스딴 데 레바하스

tienda 가게, 쇼핑몰 등에서는
¿En que tiendas están de rebajas?

✿ 그건 어디에서 살 수 있나요?

¿Dónde puedo comprar eso?

돈데 뿌에도 꼼쁘라르 에소

■ 스페인 담배 가게

✿ 몇 시에 문을 엽니까?

¿A qué hora abre?

아 께 오라 아브레

✿ 가게 영업시간은 몇 시부터 몇 시까지인가요?

¿Cuál es el horario de la tienda?

꾸알 에스 엘 오라리오 데 라 띠엔다

✿ 몇 시까지 합니까? (몇 시에 닫나요?)

¿A qué hora cierra?

아 께 오라 시에라

> cerrar 닫다 abierto/a 열린
> 유사표현 ¿Hasta qué hora está
> abierto(a)?(몇 시까지 여나요?)

✿ 무엇을 도와 드릴까요?

¿En qué puedo ayudarle?

엔 께 뿌에도 아유다르레

> 가게 점원이 고객 응대 시
> 사용하는 표현 ¿Le atiendo?,
> ¿Alguien le ha atendido?

✿ 찾으시는 물건 있으세요?

¿Hay algo que esté buscando?

아이 알고 께 에스떼 부스깐도

> Solo estoy mirando.
> (그냥 둘러보고 있어요.)

✿ 필요한 것이 있으시면, 말씀하세요.

Si hay algo que necesite, dígamelo, por favor.

시 아이 알고 께 네세시떼 디가메로 뽀르 파보르

Unidad **5** 물건을 찾을 때

❉ 여기 잠깐 봐 주시겠어요?

¿Me puede atender, por favor?

메 뿌에데 아뗀데르 뽀르 파보르

> atender 응대하다
> ¿Me atiende, por favor?

❉ 블라우스를 찾고 있습니다.

Estoy buscando una blusa.

에스또이 부스깐도 우나 블루사

❉ 운동화를 사고 싶은데요.

Me gustaría comprar unas deportivas.

메 구스따리아 꼼쁘라르 우나스 데뽀르띠바스

❉ 아내에게 선물할 것을 찾고 있습니다.

Estoy buscando algo para regalar a mi mujer.

에스또이 부스깐도 알고 빠라 레갈라르 아 미 무헤르

❉ 캐주얼복을 찾고 있습니다.

Estoy buscando ropa casual.

에스또이 부스깐도 로빠 까수알

> ropa casual = ropa de diario 평상복
> 유사표현 Estoy buscando ropa de diario.

❉ 선물로 적당한 것을 추천해 주실 수 있으세요?

¿Me puede recomendar algo para regalar?

메 뿌에데 레꼬멘다르 알고 빠라 레갈라르

❉ 면 양말이 필요한데요.

Necesito algunos calcetines de algodón.

네세시또 알구노스 깔세띠네스 데 알고돈

❉ 화장품 코너는 어디에 있나요?

¿Dónde está la sección de los cosméticos?

돈데 에스따 라 섹시온 데 로스 꼬스메띠꼬스

▪ 수공예품 가게

✿ 다른 것을 보여 주시겠어요?

¿Me puede enseñar otros?

메 뿌에데 엔세냐르 오뜨로스

✿ 고마워요. 좀 더 둘러 볼게요.

Gracias, voy a seguir mirando.

그라시아스 보이 아 세기르 미란도

✿ S(스몰) 사이즈 있어요?

¿Tiene la talla S (en stock)?

띠에네 라 따야 에세 (엔 스똑)

> Talla M(따야 에메) 미디움 사이즈
> Talla L(따야 엘레) 라지 사이즈
> ¿Tiene la talla M?
> (미디움 사이즈 있어요?)

✿ 그 모델로 저희 상품들을 보여 드리겠습니다.

De ese estilo puedo enseñarle lo que tenemos.

데 에세 에스띨로 뿌에도 엔세냐르레 로 께 떼네모스

✿ 마음에 드는 게 없군요.

No hay nada que me guste.

노 아이 나다 께 메 구스떼

> 유사표현 No me gusta ninguno.
> (다 마음에 들지 않습니다.)

✿ 그런 상품은 취급하지 않습니다.

No vendemos esa marca.

노 벤데모스 에사 마르까

✿ 즉시 갖다 드릴게요.

Ahora mismo se lo traigo.

아오라 미스모 세 로 뜨라이고

✿ 어떤 브랜드를 원하시나요?

¿Qué marca prefiere?

께 마르까 쁘레피에레

> marca 상표, 브랜드
> 유사표현 ¿Tiene pensada alguna
> marca?(생각해 둔 브랜드가 있나요?)

Unidad 7 색상을 고를 때

무슨 색이 있나요?
¿De qué color lo tiene?
데 께 꼴로르 로 띠에네

너무 화려합니다.
Eso es demasiado llamativo.
에소 에스 데마시아도 야마띠보

> llamativo 화려한 discreto 얌전한
> Es demasiado discreto.
> (너무 얌전합니다.)

좀 더 밝은 것은 없습니까?
¿No hay algo más alegre?
노 아이 알고 마스 알레그레

> alegre 밝은 Quiero algo más
> alegre.(좀 더 밝은 걸로 원해요.)

이 색깔은 좋아하지 않습니다.
No me gusta este color.
노 메 구스따 에스떼 꼴로르

이 스커트 다른 색상으로 있나요?
¿Tiene esta falda en otro color?
띠에네 에스따 팔다 엔 오뜨로 꼴로르

이 셔츠 녹색으로 된 것이 있습니까?
¿Tiene esta camisa en color verde?
띠에네 에스따 까미사 엔 꼴로르 베르데

■ 스페인 의류 브랜드 자라

민무늬 흰색 셔츠 있습니까?
¿Tiene alguna camisa lisa de color blanco?
띠에네 알구나 까미사 리사 데 꼴로르 블랑꼬

빨강은 저와 어울리지 않네요. 다른 색상은 없나요?
No me queda bien el rojo. ¿No hay otro color?
노 메 께다 비엔 엘 로호 노 아이 오뜨로 꼴로르

Unidad 8 디자인을 고를 때

✿ 어떤 디자인이 유행하고 있습니까?
¿Qué tipo de estilo está de moda?
께 띠뽀 데 에스띨로 에스따 데 모다

> Está de moda. (유행입니다.)
> Está pasada de moda.
> (유행이 지났어요.)

✿ 이런 디자인은 좋아하지 않는데요.
No me gusta este modelo.
노 메 구스따 에스떼 모델로

✿ 다른 디자인 있습니까?
¿Tiene otros modelos?
띠에네 오뜨로스 모델로스

> 유사표현 ¿Tiene de otro estilo? /
> ¿Tiene otro diseños?

✿ 좀 더 세련된 디자인 있나요?
¿Tiene otros modelos más elegantes?
띠에네 오뜨로스 모델로스 마스 엘레간떼스

Unidad 9 사이즈를 고를 때

✿ 어떤 사이즈를 찾으시나요?
¿Qué talla está buscando?
께 따야 에스따 부스깐도

✿ 사이즈가 어떻게 됩니까?
¿Qué talla tiene?
께 따야 띠에네

> 유사표현 ¿Cuál es su talla?
> (사이즈가 뭡니까?)

✿ 사이즈는 이것뿐입니까?
¿Esta es la única talla que tiene?
에스따 에스 라 우니까 따야 께 띠에네

✿ 제 사이즈를 모르겠네요.
No sé qué talla tengo.
노 세 께 따야 뗑고

유사표현 No sé cuál es mi talla.
No sé que talla uso.

✿ 사이즈를 재 주시겠어요?
¿Podría medir mi talla?
뽀드리아 메디르 미 따야

✿ 더 큰 사이즈 있습니까?
¿Tiene una talla más grande?
띠에네 우나 따야 마스 그란데

grande 큰 pequeño 작은
¿Tiene una talla más pequeña?
(더 작은 사이즈 있습니까?)

✿ 미디엄 사이즈 있습니까?
¿Tiene una talla mediana?
띠에네 우나 따야 메디아나

Unidad 10 사이즈가 맞지 않을 때

✿ S사이즈는 저한테 안 맞아요. M사이즈를 입어 볼게요.
La talla S no me está bien. Me voy a probar la talla M.
라 따야 에세 노 메 에스따 비엔   메 보이 아 쁘로바르 라 따야 에메

✿ 이 재킷은 저에게 잘 맞지 않습니다.
Esta chaqueta no me queda bien.
에스따 차께따 노 메 께다 비엔

quedar bien 잘 맞다, 어울리다
유사표현 Esta chaqueta no me está bien.

✿ 조금 큰 것 같군요.
Parece que me queda(n) un poco grande(s).
빠레세 께 메 께다(단) 운 뽀꼬 그란데(스)

✿ 너무 큽니다.
Me queda(n) demasiado grande(s).
메 께다(단) 데마시아도 그란데(스)

✿ 너무 헐렁합니다.

Me queda(n) demasiado flojo(s).

메 께다(단) 데마시아도 플로호(스)

✿ 너무 작아요.

Me queda(n) demasiado pequeño(s).

메 께다(단) 데마시아도 뻬께뇨(스)

✿ 너무 꽉 낍니다.

Me queda(n) demasiado estrecho(s).

메 께다(단) 데마시아도 에스뜨레초(스)

✿ 너무 길어요. 좀 더 짧은 걸로 부탁합니다.

Me queda(n) demasiado largo(s). Algo más corto, por favor.

메 께다(단) 데마시아도 라르고(스) 알고 마스 꼬르또 뽀르 파보르

Unidad 11 품질을 물을 때

✿ 재질은 무엇입니까?

¿De qué está hecho(a)?

데 께 에스따 에초(차)

✿ 메이드 인 멕시코입니까?

¿Está hecho(a) en México?

에스따 에초(차) 엔 메히꼬

✿ 품질은 괜찮습니까?

¿Es de buena calidad?

에스 데 부에나 깔리닫

> calidad 품질 bueno/a 좋은
> Es auténtico/a. (진품입니다.)
> No es copia. (모조품이 아닙니다.)

✿ 이건 실크 100%입니까?

¿Esto es de seda 100 por ciento?

에스또 에스 데 세다 시엔 뽀르 시엔또

> seda 실크
> cien por ciento
> = cien por cien (100%)

✿ 이건 핸드 메이드인가요?

¿Esto está hecho(a) a mano?

에스또 에스따 에초(차) 아 마노

hecho a mano 핸드 메이드
hecho a máquina 기계 제작
hecho a medida 맞춤(치수를 재어)

Unidad 12 물건 가격을 흥정할 때

✿ 너무 비쌉니다.

Es demasiado caro(a).

에스 데마시아도 까로(라)

✿ 깍아 주시겠어요?

¿Puede rebajármelo?

뿌에데 레바하르메로

rebajar = hacer descuento
할인해 주다
유사표현 ¿Puede hacerme
un poco de descuento?

✿ 더 싼 것은 없습니까?

¿No hay algo más barato?

노 아이 알고 마스 바라또

barato 값이 싼
유사표현 ¿Tiene algo más económico?

✿ 더 싸게 해 주실래요?

¿Puede hacerme un poco más de descuento?

뿌에데 아세르메 운 뽀꼬 마스 데 데스꾸엔또

✿ 깍아 주면 살게요.

Si me hace un descuento, lo compraré.

시 메 아세 운 데스꾸엔또 로 꼼쁘라레

✿ 현금으로 지불하면 더 싸게 됩니까?

Si pago en efectivo, ¿me hace un descuento?

시 빠고 엔 에펙띠보 메 아세 운 데스꾸엔또

✿ 20유로는 안 될까요?

A veinte euros, ¿no?

아 베인떼 에우로스 노

273

✿ 제가 생각했던 것보다는 비싸군요.

Es más caro de lo que yo esperaba.

에스 마스 까로 데 로 께 요 에스뻬라바

Unidad 13 가격을 물을 때

✿ 이건 얼마입니까?

¿Cuánto cuesta esto?

꾸안또 꾸에스따 에스또

✿ 한 개에 얼마인가요?

¿Cuánto es por uno(a)?

꾸안또 에스 뽀르 우노(나)

> ¿Cuánto vale uno/a?
> 라고 말해도 된다.

✿ 전부 얼마예요?

¿Cuánto es el total?

꾸안또 에스 엘 또딸

> total 전부, 합계 precio 가격
> ¿Qué precio tiene?(얼마입니까?)

✿ 세금이 포함된 가격인가요?

¿Es el precio que está incluido el IVA?

에스 엘 쁘레시오 께 에스따 인끌루이도 엘 이바

Unidad 14 지불 방법을 결정할 때

✿ 지불은 어떻게 하시겠어요?

¿Cómo va a pagar?

꼬모 바 아 빠가르

> ¿Cómo le gustaría pagar?
> 라고 말해도 된다.

✿ 카드로 지불해도 됩니까?

¿Puedo pagar con tarjeta?

뿌에도 빠가르 꼰 따르헤따

> 유사표현 ¿Acepta tarjeta?
> (카드 받아요?)

274

✪ 신용카드로 계산할게요.

Voy a pagar con tarjeta de crédito.

보이 아 빠가르 꼰 따르헤따 데 끄레디또

tarjeta de crédito 신용카드
Voy a pagar en efectivo.
(현금으로 계산할게요.)

Unidad **15** 구입 결정과 계산을 할 때

✪ 이걸로 하겠습니다.

Me llevo esto.

메 예보 에스또

llevarse 내 것으로 하다
유사표현 Me quedo con esto.

✪ 이 파란색 스커트를 살게요.

Me llevo esta falda azul.

메 예보 에스따 팔다 아술

✪ 어디에서 계산을 하죠?

¿Dónde puedo pagar?

돈데 뿌에도 빠가르

✪ 계산대는 어디에 있나요?

¿Dónde está la caja?

돈데 에스따 라 까하

caja 계산대 A la caja, por favor.
(계산대로 가세요.)

✪ 이것도 좀 계산해 주시겠어요?

¿Me cobra esto también?

메 꼬브라 에스또 땀비엔

유사표현 Cóbrame esto también.
(이것도 계산해 주세요.)

✪ 거스름돈이 모자라는 것 같아요.

Creo que me falta el cambio.

끄레오 께 메 팔따 엘 깜비오

✪ 영수증 좀 주실래요?

¿Me da el recibo?

메 다 엘 레시보

recibo 영수증
¿Me da el ticket?라고 말해도 된다.

✿ 영수증 받으세요.

Aquí tiene su ticket.

아끼 띠에네 수 띠껫

가게 점원이 뭔가를 건네줄 때는
Aquí tiene / Aquí está.
(여기 있습니다.)

✿ 여기 거스름돈 있습니다.

Aquí está su cambio.

아끼 에스따 수 깜비오

Unidad 16 포장을 원할 때

✿ 봉지를 주시겠어요?

¿Me da una bolsa?

메 다 우나 볼사

✿ 선물용으로 포장해 주실래요?

¿Puede envolverlo para regalo?

뿌에데 엔볼베르로 빠라 레갈로

✿ 따로따로 포장해 주시겠어요?

¿Puede envolverlos separados?

뿌에데 엔볼베르로스 세빠라도스

envolver 포장하다
por separado 따로따로
유사표현 Envuélvalos por separado,
por favor.(따로 포장해 주세요.)

✿ 이거 넣을 박스 좀 얻을 수 있을까요?

¿Se puede conseguir una cajita para ponerlo?

세 뿌에데 꼰세기르 우나 까히따 빠라 뽀네르로

✿ 이거 포장할 수 있나요? 우편으로 보내고 싶은데요.

¿Puede envolverlo? Me gustaría enviarlo por Correos.

뿌에데 엔볼베르로   메 구스따리아 엔비아르로 뽀르 꼬레오스

Unidad **17** 배달을 원할 때

✿ 이걸 알폰소 호텔까지 갖다 주시겠어요?

¿Podría mandar esto al hotel Alfonso?

뽀드리아 만다르 에스또 알 오뗄 알폰소

✿ 언제 배달해 주실 수 있나요?

¿Cuándo me lo puede entregar?

꾸안도 메 로 뿌에데 엔뜨레가르

entregar 배달하다
¿Cuándo puede entregármelo?
라고 말해도 된다.

✿ 별도로 요금이 있나요?

¿Hay costos extra por ello?

아이 꼬스또스 엑스뜨라 뽀르 에요

✿ 운송료를 받나요?

¿Cobran los gastos de envío?

꼬브란 로스 가스또스 데 엔비오

✿ 이 주소로 보내 주시겠어요?

¿Puede mandarlo a este domicilio, por favor?

뿌에데 만다르로 아 에스떼 도미실리오 뽀르 파보르

Unidad **18** 배송을 원할 때

✿ 이 가게에서 한국으로 발송해 주시겠어요?

¿Podría mandarlo a Corea desde aquí?

뽀드리아 만다르로 아 꼬레아 데스데 아끼

✿ 한국의 제 주소로 보내 주시겠어요?

¿Podría mandarlo a mi domicilio en Corea?

뽀드리아 만다르로 아 미 도미실리오 엔 꼬레아

✿ 항공편(선편)으로 부탁합니다.

Por correo aéreo / Por correo marítimo, por favor.

뽀르 꼬레오 아에레오 / 뽀르 꼬레오 마리띠모 뽀르 파보르

correo aéreo
항공(우)편
correo marítimo
선편

✿ 한국까지 선편으로 며칠 정도 걸립니까?

¿Cuánto tiempo tardaría para llegar por barco?

꾸안또 띠엠뽀 따르다리아 빠라 예가르 뽀르 바르꼬

✿ 항공편으로 얼마나 듭니까?

¿Cuánto cobrarían por correo aéreo?

꾸안또 꼬브라리안 뽀르 꼬레오 아에레오

Unidad 19 교환을 원할 때

✿ 이걸 교환해 주시겠어요?

¿Podría cambiarme esto?

뽀드리아 깜비아르메 에스또

✿ 다른 것으로 바꿔 주시겠어요?

¿Podría cambiarme esto por otro?

뽀드리아 깜비아르메 에스또 뽀르 오뜨로

✿ 깨져 있습니다.

Está roto(a).

에스따 로또(따)

✿ 찢어져 있습니다.

Está rasgado(a).

에스따 라스가도(다)

✿ 사이즈가 안 맞아요.

La talla no me queda bien.

라 따야 노 메 께다 비엔

La talla es pequeña.
(사이즈가 작아요.)
Me está grande.(저한테 커요.)

✿ 여기 얼룩이 있습니다.
Aquí hay una mancha.
아끼 아이 우나 만차

✿ 구입할 때 망가져 있었습니까?
¿Estaba roto al hacer la compra?
에스따바 로또 알 아세르 라 꼼쁘라

> roto 깨진, 망가진
> 유사표현 ¿Estaba roto cuando lo compró?

✿ 불량품인 것 같은데요.
Creo que tiene un defecto de fábrica.
끄레오 께 띠에네 운 데펙또 데 파브리까

Unidad **20**　반품 · 환불을 원할 때

✿ 환불 데스크는 어디에 있나요?
¿Dónde está la caja para devolución?
돈데 에스따 라 까하 빠라 데볼루시온

> devolución 환불 ¿Dónde está la caja?라고만 말해도 된다.

✿ 반품하고 싶은데요.
Me gustaría devolver esto.
메 구스따리아 데볼베르 에스또

> devolver 반품하다, 환불하다
> Quiero devolver esto.
> 라고 말해도 된다.

✿ 환불해 주시겠어요?
¿Podría devolverme el dinero?
뽀드리아 데볼베르메 엘 디네로

✿ 아직 한 번도 쓰지 않았습니다.
Todavía no lo he usado nunca.
또다비아 노 로 에 우사도 눈까

✿ 구매 영수증이 있나요? 영수증이 없으면 환불할 수 없습니다.
¿Tiene el ticket de compra? No se puede devolver sin el ticket.
띠에네 엘 띠껫 데 꼼쁘라　노 세 뿌에데 데볼베르 신 엘 띠껫

✿ 여기 환불 영수증이 있습니다.
Aquí está el ticket de devolución.
아끼 에스따 엘 띠껫 데 데볼루시온

✿ 어제 구매했어요.
Lo compré ayer.
로 꼼쁘레 아예르

✿ 수리해 주든지 환불해 주시겠어요?
¿Podría arreglarlo o devolverme el dinero?
뽀드리아 아레글라르로 오 데볼베르메 엘 디네로

Unidad **21** 면세점에서

✿ 면세점은 어디에 있습니까?
¿Dónde están las tiendas libres de impuestos?
돈데 에스딴 라스 띠엔다스 리브레스 데 임뿌에스또스

✿ 얼마까지 면세가 됩니까?
¿Cuánto puedo comprar en las tiendas duty free?
꾸안또 뿌에도 꼼쁘라르 엔 라스 띠엔다스 두띠 프리

✿ 향수 있습니까?
¿Tienen perfumes?
띠에넨 뻬르푸메스

tiendas libres de impuestos =
tiendas duty free 면세점
유사표현 ¿Hay perfumes?

✿ 어느 브랜드가 좋겠습니까?
¿Qué tipo de marca le gustaría?
께 띠뽀 데 마르까 레 구스따리아

✿ 이 가게에서는 면세로 살 수 있나요?
¿En esta tienda se puede comprar duty free?
엔 에스따 띠엔다 세 뿌에데 꼼쁘라르 두띠 프리

❁ 여권을 보여 주시겠어요?

¿Me enseña su pasaporte, por favor?

메 엔세냐 수 빠사뽀르떼 뽀르 파보르

❁ 비행기를 타기 전에 수취하세요.

Puede recoger los artículos antes de embarcar el avión.

뿌에데 레꼬헤르 로스 아르띠꿀로스 안떼스 데 엠바르까르 엘 아비온

❁ 담배는 면세로 몇 개 살 수 있나요?

¿Cuánto tabaco libre de impuestos puedo comprar?

꾸안또 따바꼬 리브레 데 임뿌에스또스 뿌에도 꼼쁘라르

❁ 술은 면세로 몇 개 가지고 갈 수 있나요?

¿Cuántas botellas de alcohol puedo llevar?

꾸안따스 보떼야스 데 알꼬올 뿌에도 예바르

■ 마드리드 벼룩시장, 엘 라스트로

■ 과일 가게 Frutería

■ 바르셀로나 보케리아 시장

■ 바르셀로나 보케리아 시장

Capítulo 07 여행을 마치고 귀국할 때

한국에서 떠날 때 예약해 둔 경우에는 미리 전화나 시내의 항공
회사 영업소에서 반드시 예약을 재확인(confirmar) 하는 것이
좋습니다. 공항에서는 2시간 전에 체크인하는 것이 바람직합니
다. 만일에 문제가 발생했더라도 여유를 가지고 대처할 수 있습
니다. 또한 짐이 늘어난 경우에는 초과요금을 지불해야 합니다.
가능하면 초과되지 않는 범위 내에서 짐을 기내로 가지고 가도
록 하며, 시간적 여유가 있을 때 사지 못한 선물이 있다면 면세
점에서 구입하면 됩니다.

Unidad 1 귀국편을 예약할 때

❀ 항공편 예약은 어디에서 합니까?
¿Dónde puedo reservar un vuelo?
돈데 뿌에도 레세르바르 운 부엘로

❀ 내일 한국행 비행편을 예약할 수 있습니까?
¿Puedo reservar un vuelo para mañana para Corea?
뿌에도 레세르바르 운 부엘로 빠라 마냐나 빠라 꼬레아

❀ 가능한 빠른 편이 좋겠군요.
Sería mejor lo antes posible.
세리아 메호르 로 안떼스 뽀시블레

❀ 다른 비행편은 없습니까?
¿No hay otros vuelos disponibles?
노 아이 오뜨로스 부엘로스 디스뽀니블레스

❀ 직항편입니까?
¿Es un vuelo directo?
에스 운 부엘로 디렉또

> vuelo directo 직항 편
> Quiero un vuelo directo a Madrid.
> (마드리드 직항 편을 원합니다.)

✿ 로마를 경유했으면 합니다.

Me gustaría hacer trasbordo en Roma.

메 구스따리아 아세르 뜨라스보르도 엔 로마

✿ 인천에는 몇 시에 도착합니까?

¿A qué hora llegaremos a Inchun?

아 께 오라 예가레모스 아 인천

✿ 확인해 보겠습니다.

Déjeme confirmarlo.

데헤메 꼰피르마르로

Unidad 2 예약을 재확인할 때

✿ 예약을 재확인하고 싶은데요.

Me gustaría confirmar mi reserva.

메 구스따리아 꼰피르마르 미 레세르바

✿ 몇 시에 출발하는지 확인하고 싶은데요.

Me gustaría asegurarme a qué hora sale el vuelo.

메 구스따리아 아세구라르메 아 께 오라 살레 엘 부엘로

✿ 예약 번호를 알려 주시겠어요?

¿Me puede decir su número de reserva?

메 뿌에데 데시르 수 누메로 데 레세르바

✿ 1등석으로 부탁합니다.

En primera clase, por favor.

엔 쁘리메라 끌라세 뽀르 파보르

En clase turista, por favor.
(이코노미클래스로 부탁합니다.)

✿ 예약이 확인되었습니다.

Su vuelo está confirmado.

수 부엘로 에스따 꼰피르마도

vuelo 비행 reserva 예약
유사표현 Su reserva está confirmada.

Unidad **3** 항공편을 변경 및 취소할 때

❂ 일정을 변경하고 싶은데요.

Me gustaría cambiar el vuelo.

메 구스따리아 깜비아르 엘 부엘로

❂ 오후 비행기로 변경하고 싶습니다.

Me gustaría cambiar el vuelo al de la tarde.

메 구스따리아 깜비아르 엘 부엘로 알 데 라 따르데

❂ 죄송합니다. 그 편은 다 찼습니다.

Lo siento, pero ese vuelo está completo.

로 시엔또 뻬로 에세 부엘로 에스따 꼼쁠레또

❂ 대기자 명단에 올려 주시겠어요?

¿Podría poner mi nombre en la lista de espera?

뽀드리아 뽀네르 미 놈브레 엔 라 리스따 데 에스뻬라

❂ 얼마나 기다려야 할까요?

¿Cuánto tiempo debería esperar?

꾸안또 띠엠뽀 데베리아 에스뻬라르

❂ 예약을 취소하고 싶습니다.

Me gustaría cancelar el vuelo.

메 구스따리아 깐셀라르 엘 부엘로

Unidad **4** 공항으로 이동할 때

❂ 공항까지 부탁합니다.

Al aeropuerto, por favor.

알 아에로뿌에르또 뽀르 파보르

✿ 짐은 몇 개입니까?

¿Cuántas maletas tiene?

꾸안따스 말레따스 띠에네

✿ 공항까지 어느 정도 걸립니까?

¿Cuánto tiempo tardaría en llegar al aeropuerto?

꾸안또 띠엠뽀 따르다리아 엔 예가르 알 아에로뿌에르또

✿ 공항까지 대략 요금이 얼마인가요?

¿Cuánto va a salir la tarifa aproximada hasta el aeropuerto?

꾸안또 바 아 살리르 라 따리파 아쁘록시마다 아스따 엘 아에로뿌에르또

✿ 빨리 가 주세요. 늦을 것 같네요.

Por favor vaya deprisa. Me temo que voy a llegar tarde.

뽀르 파보르 바야 데쁘리사 메 떼모 께 보이 아 예가르 따르데

✿ 어느 터미널입니까?

¿A qué terminal?

아 께 떼르미날

terminal 터미널
A la terminal uno, por favor.
(제 1터미널로 가 주세요.)

Unidad 5 물건을 놓고 왔을 때

✿ 기사님, 호텔로 돌아가 주시겠어요?

Señor, ¿podemos volver al hotel?

세뇨르 뽀데모스 볼베르 알 오뗄

✿ 카메라를 호텔에 놓고 왔습니다.

Es que he olvidado la cámara en el hotel.

에스 께 에 올비다도 라 까마라 엔 엘 오뗄

olvidar = dejar 두고 나오다
유사표현 He dejado la cámara en el hotel.

✿ 중요한 것을 잊고 나왔습니다.

Se me ha olvidado algo importante en el hotel.

세 메 아 올비다도 알고 임뽀르딴떼 엔 엘 오뗄

285

Unidad 6 탑승 수속을 할 때

🌸 대한항공 창구는 어디입니까?

¿Dónde está el mostrador de Korean Airlines?

돈데 에스따 엘 모스뜨라도르 데 꼬레안 에어라인스

🌸 이 창구에서 체크인할 수 있나요?

¿Puedo facturar en este mostrador?

뿌에도 팍뚜라르 엔 에스떼 모스뜨라도르

> facturar 수속을 밟다
> mostrador 창구
> 유사표현 ¿Puedo hacer el check-in?

🌸 부치실 짐이 있으세요?

¿Tiene algún equipaje que quiere facturar?

띠에네 알군 에끼빠헤 께 끼에레 팍뚜라르

> equipaje 수하물
> maleta 여행가방
> ¿Cuántas maletas va a facturar?
> (짐은 몇 개 부치실 건가요?)

🌸 창가쪽(통로쪽)으로 주세요.

Ventanilla / Pasillo, por favor.

벤따니야 / 빠시요 뽀르 파보르

🌸 어느 게이트로 가면 됩니까?

¿A qué puerta tengo que ir?

아 께 뿌에르따 뗑고 께 이르

🌸 탑승 게이트가 몇 번입니까?

¿Cuál es el número de la puerta de embarque?

꾸알 에스 엘 누메로 데 라 뿌에르따 데 엠바르께

🌸 공항세를 내야 합니까?

¿Hay que pagar alguna tasa del aeropuerto?

아이 께 빠가르 알구나 따사 델 아에로뿌에르또

🌸 짐의 초과 요금은 얼마입니까?

¿Cuánto hay que pagar por exceso de equipaje?

꾸안또 아이 께 빠가르 뽀르 엑세소 데 에끼빠헤

✿ 이것을 기내에 가지고 들어갈 수 있습니까?

¿Puedo llevar esto en la cabina?

뿌에도 예바르 에스또 엔 라 까비나

✿ 123편 탑승 게이트는 여기입니까?

¿Aquí es la puerta del vuelo 123?

아끼 에스 라 뿌에르따 델 부엘로 시엔또 베인띠 뜨레스

✿ 탑승 시간은 몇 시부터입니까?

¿A partir de qué hora puedo embarcar el avión?

아 빠르띠르 데 께오라 뿌에도 엠바르까르 엘 아비온

✿ 123편 탑승 수속을 시작하겠습니다.

Vamos a proceder al embarque del vuelo 123.

바모스 아 쁘로세데르 알 엠바르께 델 부엘로 시엔또 베인띠 뜨레스

Unidad **7** 비행기 안에서

✿ 탑승권을 보여 주시겠어요?

¿Puede enseñarme su tarjeta de embarque, por favor?

뿌에데 엔세냐르메 수 따르헤따 데 엠바르께 뽀르 파보르

✿ 입국카드는 가지고 있습니까?

¿Tiene la tarjeta de inmigración?

띠에네 라 따르헤따 데 인미그라시온

✿ 이건 세관신고서입니다.

Esto es la declaración de la aduana.

에스또 에스 라 데끌라라시온 데 라 아두아나

✿ 인천에 언제 도착합니까?

¿Cuándo vamos a aterrizar a Inchun?

꾸안도 바모스 아 아떼리사르 아 인천

aterrizar 착륙하다
a tiempo 제시간에
¿Llegaremos al destino a tiempo?
(제시간에 목적지에 도착하나요?)

가장 알기 쉽게 배우는

바로바로 스페인어 독학 단어장

탑메이드북 | 박은주 저 | 128*188mm | 328쪽 | 14,000원(본문 mp3 파일 무료 제공)